中宣部文化名家暨"四个一批"人才项目

The Series of
Chinese Education
Research

中国教育研究丛书

课程评价的理论、方法与实践

王烨晖　辛　涛　边玉芳　著

北京师范大学出版集团
BEIJING NORMAL UNIVERSITY PUBLISHING GROUP
北京师范大学出版社

目　录

第一章 课程评价的内涵与发展历程

课程评价是评价在课程领域的应用，课程评价的发展与课程的改革和发展密不可分。在当前国际课程改革的大背景下，课程评价在课程体系中的地位与作用愈发重要。本章对课程评价领域进行回顾，并对该领域的最新动态进行介绍。第一节对课程评价的内涵进行回顾，从可测量、可操作的角度出发，对课程的结构模型进行分析比较，对课程评价在课程领域所能发挥的功能进行总结；第二节在对课程开发与改革历程进行简介的基础上，对课程评价的发展历程进行阐述；第三节对课程评价的最新发展与应用进行介绍。

第一节 课程评价的内涵与模型

一、课程评价的内涵

随着"课程"这个词的出现，其定义变得越来越纷繁复杂。古德莱德（John I. Goodlad）认为课程是一个定义不明确的概念，因为几乎每一本有关课程的专著对课程概念的诠释都不一样，每一个研究者都按照自己的理解对课程进行定义。① 随着时间的推移，各种课程的新概念、新提法仍不断涌现。课程是一个多层面、多主体、多对象、动态变化的复杂体系。各种概念和提法的出现，是研究者从不同层级、不同角度出发，对课程某个方面所表达的一个特定的观点。从可测量和可操作的角度而言，课

---

① John I. Goodlad, *Curriculum as A Field of Study*, Oxford, Pergamon Press, 1985, pp. 1141-1143.

程是通过正规教育而建立起来的一个系统，包括所有动态的传递过程、传递过程中涉及的静态文本资料、以认知结构状态存在的知识体系及具体的课程效果。

　　同样，关于评价的定义也很多。泰勒认为："评价过程实质上是一个确定课程与教学计划实际达到教育目标的程度的过程。"[①]克隆巴赫（Lee Cronbach）把评价定义为收集和使用信息，以对某个教育项目进行决策的过程。[②] 收集和使用信息、决策是该定义中的两个要素，强调评价要有利于决策过程，要在课程改进中发挥作用。斯塔弗尔比姆（Daniel L. Stufflebeam）强调评价最重要的意图不是为了证明，而是为了改进。[③] 毕比（Clarence Edward Beeby）认为评价是系统地收集和解释证据，并以此作为评价过程的一部分，进而以行动为取向进行价值判断。它凸显了评价的决策定向，使教育决策和实践活动得以优化。[④] 从上述研究者对评价的定义中可以看出，评价是在系统收集信息的基础上进行的价值判断，其目的是为教学提供反馈，对教育质量进行监测，对教育系统的运作开展问责，为教育决策提供依据，并最终实现提升教育质量的目标。

　　由于"课程"和"评价"到目前为止均没有统一的定义，关于"课程评价"的定义也存在诸多看法。《教育大百科全书·课程》指出，课程评价这个概念一直没有得到很好的区分，有的研究者是指对课程产品的评价，有的则是指对课程程序的评价。对课程产品的评价是指对课程、教学大纲、教科书等的价值判断，是依据事先规定的外部标准或来自实际工作的结果数据或两者都有的基础上进行的。对课程程序的评价则是指对正在进行的课程的评价，关注课程或教学程序与情境的复杂交互作用。对课程程序的不同评价模式都会涉及数据收集和分析的方法、判断数据价

---

　　① ［美］拉尔夫·泰勒：《课程与教学的基本原理》，施良方译，北京，人民教育出版社，1994。

　　② Lee Cronbach, "Course Improvements Through Evaluation", *The Teachers College Record*, 1963, 64(8), p.723.

　　③ ［美］斯塔弗尔比姆：《方案评价的 CIPP 模式》，见瞿葆奎：《教育学文集（第 16 卷）·教育评价》，301 页，北京，人民教育出版社，1989。

　　④ Clarence Edward Beeby, "The Meaning of Evaluation", *Current Issues in Education*, 1977, 4(1), pp.68-78.

值的方式和提供评价信息的目的三个方面。① 艾伦·C. 奥恩斯坦等人认为课程评价是指人们收集必要的资料以决定是否采纳、修改或删除总体课程或某一特定教科书的过程。课程评价旨在发现所设计、开发和实施的课程是否正在产生或能够产生预期的结果，确定课程在实施之前的优点与不足以及实施的效果。②

我国的相关研究者也对课程评价进行了解读。施良方认为，课程评价是指研究课程价值的过程，由判断课程在改进学生学习方面的价值的活动构成。③ 钟启泉认为，课程评价是以一定的方法、途径，对课程计划、活动及结果等有关问题的价值或特点做出判断的过程。要准确把握课程评价的含义，应当同时考虑评价对象、评价标准和评价的方法与途径三个方面的问题。④ 陈玉琨等人认为，课程评价是教育评价的重要组成部分，是在系统调查与描述的基础上，对学校课程满足社会与个体需要的程度做出判断的活动，是对学校课程现实的已经取得的或潜在的价值做出判断，不断完善课程，增加教育价值的过程。⑤ 还有研究者认为课程评价与研究者所持的课程观有关，有什么样的课程观就有什么样的课程评价观。⑥

结合上述对课程的操作性定义，可以得出如下结论：课程评价是对整个课程体系以及课程体系所处的具体情境进行信息的收集和解释，并进行价值判断的过程，旨在不断提升课程体系的质量，优化课程实践，并为课程决策提供信息。课程评价是一个涉及多评价主体、多评价对象、多评价方法，能够实现多种评价功能的复杂过程。

---

① ［以］A. 莱维：《教育大百科全书（第7卷）·课程·教育技术》，丛立新、赵静审译，116～117页，重庆，西南师范大学出版社，2011。

② ［美］艾伦·C. 奥恩斯坦、弗朗西斯·P. 汉金斯：《课程：基础、原理和问题（第3版）》，柯森主译，512页，南京，江苏教育出版社，2002。

③ 施良方：《课程理论——课程的基础、原理与问题》，149页，北京，教育科学出版社，1996。

④ 钟启泉、李雁冰：《课程设计基础》，485页，济南，山东教育出版社，2000。

⑤ 陈玉琨、沈玉顺、代蕊华等：《课程改革与课程评价》，137页，北京，教育科学出版社，2001。

⑥ 廖哲勋、田慧生：《课程新论》，400页，北京，教育科学出版社，2003。

二、课程模型

课程是一个复杂的系统。要实现对课程的客观测量与有效评价，必须先对这个复杂的体系进行解构，搭建起课程体系的结构模型。由于课程结构的复杂性，以及研究者从不同的角度对课程的不同侧面进行分析，研究呈现出多样化的局面。到目前为止，主要有以下六个模型，对课程结构进行系统的解构。

(一)模型一：古德莱德的模型

古德莱德根据课程与最终对象之间的距离远近，将课程划分为社会的(social)、制度的(institutional)、教学的(instructional)三个层面，以及最终被个人内化的经验的(experiential)课程。[1]

社会的课程距离学习者最远，是课程目标和内容的决策层面，由相关行政部门及各领域专家决定学生的学习内容、教学所需的时间和相关的书籍材料等。制度的课程是指学校的课程，这些课程根据知识体系类别，在各个年级设定的时间内进行教学。这些课程内容的确定主要是依据社会的课程，结合各个学校自己的实际情况进行调整而成型。教学的课程是指教师将课程内容通过教学传递给学生的部分。这个层面的内容既依据社会的课程也依据制度的课程，但受后者的影响更大。教学的课程是大部分课程改革关注的层面，也是最容易受到批评的。三个层面的课程在制定和实施的过程中都受到大量环境因素(如可用的教育资源、教师技能、权威等)的影响。

但除此之外，还存在一个最终将课程内化、个体化的层面——经验的课程。这个层面是整个课程体系的最终目标，它表明个体学习者是如何受到课程影响而变化的。[2]

(二)模型二：库班的模型

库班(Larry Cuban)认为课程是政策决策的产物。从国家到个体的各

---

[1] John I. Goodlad, The *Development of A Conceptual System for Dealing with Problems of Curriculum and Instruction* (USOE Project No. 454), Los Angeles, University of California, 1966, pp. 29-39; John I. Goodlad, *Curriculum Inquiry: The Study of Curriculum Practice*, New York, McGraw-Hill, 1979, pp. 33-37.

[2] John I. Goodlad & Zhixin Su, "Organization of the Curriculum", in Philip W. Jackson ed., *Handbook of Research on Curriculum*, New York, Macmillan, 1992, p. 328.

个层面，都有不同的课程决策主体对课程体系产生影响，与国家（州/地区）、学校（班级/教师）和学生三个层面对应的课程分别为目标课程（intended curriculum）、教授的课程（taught curriculum）和学习的课程（learned curriculum）。这些层面相互嵌套，存在交互作用。

目标课程又叫"推荐课程""正式课程"等，这个层面的课程是对地区、学校课程内容的正式说明，限定了相关的教学内容。目标课程的内容体现了政策制定者期望学生所能学习的知识、技能和价值观，同时也蕴含了课程、学校教育、教与学等理论假设与思想，是理论、信念和目标的综合体现。目标课程所对应的可能是国家、州或地区层面。

教授的课程包括在学校和班级中教授的正式和非正式的内容，又叫"传递的课程"或"操作的课程"。这个层面的课程通过教师的教（讲授、问答、组织讨论等）和所使用的材料（教材、其他文本材料、教学辅助器材等）来呈现课程的内容、思想、技能和态度。正是在这个层面，教师的相关理念、信念等方面和目标课程发生交互作用后传递给学生。不同的教师对相同目标课程的不同处理和决策，使得学生所获取的课程存在很大差异。除教师外，校长在学校层面的决策也会间接对课程产生影响。教授的课程对应的是学校和班级层面。

学习的课程是课程研究者、政策制定者以及相关人员（校长、教师、家长等）最为关注的层面：学生到底学到了多少课程知识。学习的课程对应的是个体层面，即课程的最终目标层面。[1]

（三）模型三：国际教育成就评价协会的模型

国际教育成就评价协会（International Association for the Evaluation of Educational Achievement，IEA）在国际数学与科学趋势研究（Trends in International Mathematics and Science Study，TIMSS）中提出了课程的四级模型，将课程分为目标课程（intended curriculum）、潜在的实施课程（potential implemented curriculum）、实施的课程（implemented curricu-

---

[1] Larry Cuban, "Curriculum Stability and Change", in Philip W. Jackson, ed., *Handbook of Research on Curriculum*, New York, Macmillan, 1992, pp. 216-247.

lum)和习得的课程(attained curriculum)四个层次。① 目标课程是指教育
系统为学生设定的目的和目标。潜在的实施课程即教材,它作为连接官
方意图和在班级中实施的具体课程的桥梁②,在目标课程和实施的课程之
间起重要的传递作用。实施的课程是指学校环境中为达成目标课程中的
教学目的和目标而进行的课程,学校、校长、教师等都在本层面发挥着
作用,而教师在为学生提供和构建达成教学目标的机会中处于核心地位。
习得的课程是指真正被学生所获得的那部分课程,除了其达到的成就,
还包括通过学校教学使学生所持有的态度和价值观。

(四)模型四:朱姆沃尔特的模型

通过对课程的观察可以发现,课程并不能完整地将事先设定的意图
与目标传递给学习者,课程的计划与实施之间总是存在差距。从这个角
度出发,朱姆沃尔特(Karen Zumwalt)将课程划分为官方的(official)和执
行的(enacted)两个层面。官方的课程是指预设的课程,包括预设的课程
目标、课程内容和课程实施的计划。执行的课程则指真正被实施了的课
程。在执行的课程中,教师的教学和教材在其中的作用也不一样,如果
更加细分的话,那么教材是真正意义上的"执行的课程",而教师进行教
学的那部分更确切地应该称为"传递的课程"。在课程被实施后,学生所
获得的那部分课程则被称为经验的(experienced)或接受的(received)
课程。③

(五)模型五:维尼斯基的模型

维尼斯基(Richard L. Venezky)认为课程是一个从概括到具体的"链",
他将课程划分为需要的(needed)、期望的(desired)、描述的(prescribed)、
传递的(delivered)和接受的(received)五个层面。

---

① David F. Robitaille, William H. Schmidt, Senta Raizen, Curtis McKnight, Edward Brit-
ton & Cynthia Nicol, *Curriculum Frameworks for Mathematics and Science*, Vancouver, Pacific
Educational, 1993, pp. 26-30.

② William H. Schmidt, Curtis C. McKnight, Gilbert Valverde, Richard T. Houang & Da-
vid E. Wiley, *Many Visions, Many Aims: A Cross-national Investigation of Curricular Intentions
in School Mathematics*, Boston, Kluwer Academic Publisher, 1997, pp. 173-179.

③ Karen Zumwalt, "Beginning Professional Teachers: The Need for A Curricular Vision of
Teaching", in Maynard C. Reynolds, ed., *Knowledge Base for the Beginning Teacher*, Oxford,
Permagon Press, 1988, pp. 173-184.

需要的课程是没有实际架构的课程，它主要是指各个学科专家、政策制定者、课程专家或权威机构对课程方向性的建议和假设，这些内容并不考虑课程在班级中具体实施的问题如时间、成本、教师培训等。

期望的课程开始将课程的操作性问题考虑进去，主要是指州、地区或者学校水平的课程指导，以及专业机构提供的建议性的课程及课程指导。这些指导会具体阐明在某个年级进行哪些知识点的教授。这些期望的课程是由课程专家编写的，但仍然受到教育行政部门及出版商的影响。

描述的课程是指教材及相关的课程资料，这些资料不仅描述课程的内容，还体现了知识之间的顺序性以及用于教学教法的各种策略。

传递的课程是指无论是否使用教材，教师在课堂中进行教学的那部分课程。

接受的课程是指学生所获得的课程。这部分课程与传递的课程不同，因为在这个层面，学生是主体。接受的课程是传递的课程和学生个体交互作用的特定结果，而个体先前的知识基础、所处的环境、教材等因素导致两者之间的交互作用很复杂，以至于目前仍无法精确测量。[①]

（六）模型六：库尔茨的模型

库尔茨（Alexander Kurz）从教育系统、教师和学生三个层面出发，将整个课程体系细分为目标课程（intended curriculum）、评估的课程（assessed curriculum）、计划的课程（planned curriculum）、实施的课程（enacted curriculum）、参与的课程（engaged curriculum）、习得的课程（learned curriculum）和展示的课程（displayed curriculum）七个方面。

教育系统层面，目标课程旨在对预期的目标和结果进行操作化的定义，通过不同的学科和年级对不同水平的测量目标进行具体论述。为了实现问责的功能，评估的课程同样被设置在教育系统这个层面，旨在评估学生在多大程度上实现了目标课程。

教师层面，计划的课程是指教师为实现目标课程而对课程进行的设计；实施的课程则是指教师在课堂教学中真正开展和落实的课程。

学生层面，参与的课程是指学生参与教师实施的课程。学生所能参

---

① Richard L. Venezky, "Textbooks in School and Society", in Philip W. Jackson, ed. , *Handbook of Research on Curriculum*, New York, Macmillan, 1992, pp. 435-464.

与的课程直接决定了学生最后所能习得的课程。展示的课程则是指学生通过班级任务、作业和考试等多种方式呈现出来的其所习得的课程。展示的课程并不能等同于习得的课程，有一部分课程由于焦虑、紧张等，在各类测评方式中学生无法展现出来。[①]

（七）模型的比较分析

通过比较可以发现，六个课程模型都是根据课程体系在具体教育实践中所处的层级来划分，虽然各模型对课程结构划分的层面不同，每个层面被赋予的名字不尽相同，但都涉及了课程政策、教师和学生。模型之间的差异主要体现在对课程层面划分的概括程度不同。具体比较见表1-1。

表 1-1 课程结构划分比较

课程模型						教育实践层面
模型一	模型二	模型三	模型四	模型五	模型六	
社会的课程	目标课程	目标课程	官方的课程	需要的课程	目标课程、评估的课程	政策制定者
制度的课程	—	—		期望的课程		州、地区、学校机构
—		潜在的实施课程	—	描述的课程		教材、教材编写者
教学的课程	教授的课程	实施的课程	执行的课程	传递的课程	计划的课程、实施的课程	教师、教材
经验的课程	学习的课程	习得的课程	经验的课程	接受的课程	参与的课程、习得的课程、展示的课程	学生

① Alexander Kurz, "Access to What Should Be Taught and Will Be Tested: Students' Opportunity to Learn the Intended Curriculum", in Stephen N. Elliott, Ryan J. Kettler, Peter A. Beddow & Alexander Kurz, ed., *Handbook of Accessible Achievement Tests for All Students: Bridging the Gaps Between Research, Practice, and Policy*, New York, Springer, 2011, pp. 100-104.

1. 模型间的区别

（1）对课程顶层的细分

通过比较可以发现，模型一和模型五对课程的顶层进行细分：由政策制定者、教育课程专家提出宏观的方向性层面，并对这个宏观层面进行具体化。这种具体化主要体现在各个州、地区或学校层面，将总体的指导进一步具体到课程所涉及的内容及大致的时间安排，但并没有对学科知识体系进行规划或对教师的教学进行说明，因此仍然是宏观性的。其他模型并未在这个层面做进一步的细分。不同国家课程体系设置的方式不同，例如，美国具体的课程是由州、地区甚至学校自主决定的，因此，细分顶层课程是适合其课程体系的。但对中国而言，课程标准由国家统一制定，各个省、地区、学校在这个过程中并无自主权，因此，进一步的细分就没有必要。可见，是否需要对课程顶层进行细分，还需要结合具体国家课程体系的设置方式而定。

（2）对教材的细分

模型三和模型五将教材作为课程的一个层面单独列出来，模型一没有对教材进行明确的划分，而其余模型则将教材划归教师所在的实施的或教授的课程层面。将教材单独列为一个层面，表明研究者看到了教材在目标课程与实施的课程之间重要的桥梁作用，可以更加明确地分析教材的作用，探明教材和其他课程层面之间的关系。

首先，教材是对课程标准的具体化。课程标准对学校教育所涉及的学科、每一门学科应涉及的内容范围、对学生的期望及教学时间进行了限定，但都非常泛化。教材则将课程标准所规定的内容范围根据学科特点，结合学生的身心发展规律，进行了全面、精心的设计，例如，知识点前后的逻辑关系、难易程度、具体的时间安排，每个知识点的具体时间分配等。但是，同样的课程指导，由于不同的教材编写者所持的理念各不相同，会对课程标准有不同的解读，因而编写出内容覆盖、难度水平、语言表达与阐述等各有特色的教材，即同一个课程指导文件，可能会有多种版本教材的解读。

其次，教材在课程的实施过程中有着重要作用。教材是对课程目标与期望的具体阐述，是教师进行教学的重要依据。任何教材的文本内容对课堂的实际影响取决于教师是如何利用教材资源进行教学的，因此教材反映了课程被执行的各种可能的方式。教材在课程的实施过程中还能对教学法起指导作用。教材各个知识点的安排、知识点的呈现技巧、各个知识点之间的连贯性、教材的整体风格（包括教材中图表、问题、练习和小测试的安排）及教学建议，都影响着教师的教学。[1]

此外，课程实施是教师和学生互动的过程。教材不仅指导着教师的教学，同时还影响着学生的学习。教材是学生在学习过程中最重要的知识载体，是学生能够直接接触到的课程。

(3)对教育实践层面的细分

与前面五个模型不同的是，模型六在教育系统、教师和学生三个层面，将对应的课程均进行了细分。

2. 模型间的关联

从表1-1中可以看到，六个课程模型对课程体系中三个层面的划分是一致的：最上层的政策性的课程、以教师为主体的执行/实施的课程和最终被学生接受的课程。这三个层面是对课程结构最基本的划分，这种划分适用于各种课程体系各个学科，具有较好的通用性。因此，在六个模型中，模型二、模型四和模型六的通用性最强；模型五涉及的教育实践层面最全，每个层面都有对应的课程；模型一和模型三处于两者之间，模型一对课程顶层进行了细分，而模型三对教材进行了细分。

对于课程结构的划分需要考虑两个方面：一是要能将课程的各个重要层面区分开来；二是这种划分要具有较好的通用性，因为不同国家的课程体制各不相同，各个学科课程又各有特色。一个好的课程模型应当是能够适用于各种课程体制、各个学科的。如果需要，模型可以根据具体的评价目的对层面进行再细分。

三、课程评价的功能

课程评价是落实目标课程、监测课程质量和实现预设目标的重要抓手，在课程体系中能够发挥多种功能，满足课程体系自身建设与发展的各种需求，在课程体系中有着举足轻重的作用。概括而言，课程评价能

---

[1] Richard L. Venezky, "Textbooks in School and Society", in Philip W. Jackson, ed., *Handbook of Research on Curriculum*, New York, Macmillan, 1992, pp. 435-464.

够在以下方面发挥重要作用。

课程评价能够监测课程质量，保证课程的正常运作，对课程体系进行常态化评价，对课程体系的运作进行实时追踪、监督和检查，掌握课程体系的动态发展过程；定期对课程体系的各个方面进行检查，为课程体系中的各类主体及时提供所需的重要信息，以供进一步使用。课程评价的监测作用是其最为基础的功能。基于监测，课程评价能够为相关的课程决策、课程体系的改进、课程效果的提升提供科学依据。

课程评价能够对学生的课程掌握情况进行分析，以考查学生是否达到了预先设定的标准或预期目标，以判断学生是否能够达到毕业或者升学的要求。课程评价能够为具体的课程改革项目进行全面评估，对项目的效果进行鉴定。

课程评价能够发现课程体系在运作过程中存在的问题，并分析可能的原因，为改进课程体系的运作、提升课程效果、提高课程质量提供反馈，并能对改进后的课程体系进行进一步评价。如此循环，发挥形成性评价的作用，不断提升课程体系的质量。

课程评价通过对课程体系的系统分析，发现问题所在，并且找出相应的负责主体，责成改进或者解决问题，旨在监督课程体系中相应主体为课程提供必要支持，保障课程体系的正常运作，并且不断提升课程质量。

课程评价与所有的评价一样，对评价对象具有激励作用。基于对课程体系中优缺点的分析，通过对课程评价结果的合理运用，对评价对象的优势进行强化，使被评价者受到鼓励，激发其主观能动性，从而更好地参与课程的实施与改进，促使其在已有基础上不断改进创新，提升课程质量。

课程评价具有重要的社会舆论引导作用。合理利用课程评价结果，能够对整个课程体系的运作、学校、教师、学生、家长和社会产生科学引导的作用，引导其形成正确的教育观、课程观和评价观。不恰当地使用课程评价结果则会导致社会的关注点偏移，对课程体系本身的发展产生负面影响。

第二节 课程评价的发展历程

一、课程改革的发展历程

（一）课程设计理念的发展

进入 20 世纪，信息技术的迅速发展使得人类知识的数量以几何级增长。为增强本国实力，让年青一代更好地适应未来社会，为国家储备高质量人才，各国纷纷加快本国的教育改革。由于课程质量的高低直接决定着教育改革的成效，因此，课程改革成为教育改革的核心。自 20 世纪 60 年代起，由于受到社会政治变迁和经济迅速发展的影响，课程设计理念的更迭也随之加速。

"课程即内容"（curriculum as content）模型是根据泰勒的课程理念提出的。它认为课程就是对教学内容的详细描述，这个内容是通过教师的教学传递给学生的。因此，该模型认为在课程改革中，首先需要确立合适的教育目标，然后根据明确的教育目标挑选合适的课程内容，最后根据教师和学生的实际情况挑选合适的教学方法。通过对学习结果的评价考察教育目标的达成情况，并作为新一轮课程改革或教学计划调整的依据。20 世纪 70 年代，大部分欧洲国家在课程改革中主要采用这种内容定向的课程模型，对本国的课程进行了大规模更新。[①] 因为这个模型的理念契合当时工业化管理的思想，有较强的组织力，特别是在面对欠完善的教育体系、缺乏大量受过系统训练的教师的时候，该模型能够有效地推动课程改革，使课程得到迅速更新，因而其成为当时课程改革中最常用的模型。

"课程即经验"（curriculum as experience）模型是基于杜威的实用主义哲学提出的，是与"课程即内容"模型理念相并列的另一种视角。该模型认为，相比"课程即内容"模型所强调的课程内容，实现学校教育目标的过程更重要，因为教育的过程是个体经验持续增长的过程。在该模型中，

[①] Pasi Sahlberg, "A Short History of Educational Reform in Finland", White Paper, 2009(4), pp. 1-38.

教师具有重要的地位，对整个教育质量起到了决定性作用。[①] 根据该模型来构建国家课程时，提供一些概括的原则即可，降低了国家统一控制课程的权力。但是，在这种理念的引导下，人们很难在课程体系内开展各种评价活动。再加上该模型对教师提出了较高的要求，很难与评价相结合，因而很少有国家基于该模型进行大规模的课程改革。值得一提的是，芬兰采用该模型进行了国家层面的课程改革，并且取得了巨大成功。改革之后，各个学校对课程的教学具有最终决定权。但需要指出的是，芬兰能够依据该模型成功地进行课程改革，一个重要前提是其所有的中学教师和大部分小学教师都具有硕士学位，能够承担起相应的责任，实现对教学的有效掌控。[②]

教育质量能从三个角度进行判断：输入、过程和输出。为了更好地对教育投入进行评估，越来越多的国家开始关注教育的结果。20 世纪 80 年代末，"输出驱动的教育改革运动"（output-driven education reform）在英国、北美兴起，并逐渐遍布全世界，课程设计的关注点从教学转向了学校教育的结果——学生应当学习什么。[③] 因为通过学习结果能够明确地告诉政策制定者、家长甚至学生本人，学生应当从学校获得什么；通过外部评估，人们能够根据课程的要求对学生的学习进行测查。因此，"基于结果的课程"（outcome-based curriculum）这一思想得到了迅速发展和推广，成为许多大规模课程改革的首要原则。"基于结果的课程"模型强调对各个学科中学生的学习所应达到的目标进行详细描述，通过对预期学习结果的精确描述来引导教学计划。20 世纪 90 年代，英国、新西兰、澳大利亚、美国及部分亚洲国家都基于这种理念进行了课程改革。

"基于结果的课程"模型由于过分强调工具性结果，忽视了学生学习的过程而受到批评。"基于标准的课程"（standard-based curriculum）模型在此基础上迅速发展起来。该模型强调基于学科的课程，对处于不同教

---

① ［英］凯利（A. V. Kelly）：《课程理论与实践（第 5 版）》，吕敏霞译，268 页，北京，中国轻工业出版社，2007。

② Pasi Sahlberg, "The Fourth Way of Finland", *Journal of Educational Change*, 2011, 12(2), pp. 173-185.

③ Spady W. G., "School Reform: Rushing Backward Towards the Future", *On the Horizon*, 1999, 7(2), pp. 1-7.

育阶段的学生所应掌握的学科知识和能力进行了详细说明，设立了标准，且通过大规模的测试来实现问责功能。"基于标准的课程"模型认为，教育主管部门应当为所有师生设立相同的标准。这些标准是课程设计的起点，对每个年级或学段预期的学习结果进行具体的规定能够发挥对教育质量的问责作用。"基于标准的课程"模型看起来和"课程即内容"模型非常像，但两者的重要区别在于"基于标准的课程"模型关注学生的学习，逆转了关注内容的"课程即内容"模型的逻辑。该模型是当前教育改革的一个重要思想，被欧美发达国家广泛采用。受经济全球化的影响，其他国家也纷纷采用该模型进行本国的课程改革。①

课程模型的发展从之前关注内容和过程转向关注目标，与近些年国际教育改革共同关注的主题——教育质量——密不可分。泰勒认为课程由四个要素组成：目标、内容（课程/教学内容）、过程（教学方法/过程）和评价。② 通过比较可以发现，对课程四个要素的关注点的不同，产生了上述不同的课程模型与理念。③ "课程即内容"模型把课程内容作为课程的核心要素，确保学生获取预先设计好的课程内容，而整个课程的设计是为了确保知识能够传递给学生。"课程即经验"模型则将过程视为课程的核心要素，教育教学是一系列的发展过程，是个体获取经验的过程，因此，课程设计应当为这个过程服务。而"基于结果的课程"模型和"基于标准的课程"模型则将目标视为课程的核心，课程的其他方面都是为这个目标服务的。随着课程设计理念的不断发展，部分国家如法国、德国、日本、美国等国家在课程改革中将几种理念进行融合。

（二）课程实施模式的发展

课程的实施是在课程理念的指导下具体进行的。随着课程理念的不断发展，世界各国的课程实施模式也发生着相应的变化。每一种模式都

---

① Karen K. Wixson, Elizabeth Dutro & Ruth G. Athan, "Chapter 3: The Challenge of Developing Content Standards", *Review of Research in Education*，2003，27(1)，pp.69-107；辛涛、姜宇、王烨晖：《基于学生核心素养的课程体系建构》，载《北京师范大学学报（社会科学版）》，2014(1)。

② ［美］拉尔夫·泰勒：《课程与教学的基本原理（英汉对照版）》，罗康、张阅译，5～11页，北京，中国轻工业出版社，2014。

③ ［英］凯利（A. V. Kelly）：《课程理论与实践（第5版）》，吕敏霞译，268页，北京，中国轻工业出版社，2007。

是在前一种模式的不足基础上提出的，旨在进一步提升课程质量。

20 世纪 60～70 年代，在"课程即内容"模型理念的指导下，北美国家和英国的课程改革主要采用自上而下（top-down）的方式进行，"防教师"（teacher-proof）是这种实施模式的核心特点。因为在整个课程改革过程中，该模式试图将教师对课程的影响最小化。课程目标的设定、课程内容的选择、课程材料的编制、评估工具的制定等一系列工作，均由学校以外专门的课程专家完成。教师和学校在其中仅起到一个简单的执行功能，即把外部已经完全设计好的课程在课堂中加以实施，把课程传递给学生。这种改革模式排斥教师，把教师视作课程体系中的一个辅助性角色，忽视了教师在课程改革与实施中的重要作用与关键地位，降低了教师的积极性，影响了课程改革的成效。[1]

到 20 世纪 70 年代末，研究发现采用"防教师"的自上而下的模式难以达到预定的目标。因为在课程改革中，教师在课程的规划设计、课程的实施及实践等层面都发挥着重要作用，任何一个环节的忽视都会严重影响到课程改革的效果。因此，针对自上而下模式的不足，自下而上（button-up）的模式应运而生。在"课程即经验"模型理念的影响下，该模式将课程决策的权力下放，把教师和学校置于课程改革的核心地位，强调教师对课程改革的自发需求，使其在整个课程改革中发挥重要的作用。澳大利亚和美国等国家在当时纷纷采用这种模式进行课程改革。[2]

20 世纪 90 年代，美国等国家发现采用这种改革模式出现了课程要求过低、课程资源匮乏和课程评估标准过于宽松等问题，本国的教育教学质量未有明显提升，预设的课改目标仍然无法实现。[3] 为了扭转自下而上模式过度分权的局面，而又不重回自上而下模式过度控制的状况，同时受到"基于结果的课程"模型和"基于标准的课程"模型理念的影响，合作

① Doune Macdonald，"Curriculum Change and the Post-Modern World：Is the School Curriculum-reform Movement An Anachronism?" *Journal of Curriculum Studies*，2003，35（2），p. 139.

② Joan N. Vickers，"While Rome Burns—Meeting the Challenge of the Reform Movement in Education"，*Journal of Physical Education*，*Recreation and Dance*，1992，63(7)，p. 80.

③ Richard Tinning，Doune Macdonald & Karen Tregenza，"Action Research and the Professional Development of Teachers in the Health and Physical Education Field：the Australian NP-DP experience"，*Educational Action Research*，1996，4(3)，pp. 389-405.

关系(partnerships)模式开始出现。该模式强调课程改革应当由教育管理人员、课程专家、课程编写者、相关的专业机构、研究者、教师、父母、学生和社区等课程相关方共同参与。在经历了自下而上模式之后，美国、澳大利亚等国家纷纷采用合作关系模式进行本国的课程改革。①

自上而下的课程实施模式过度强调集权，自下而上的模式则走向了完全分权的状态。完全的集权或分权，使得整个课程体系不是走向极度控制的极端就是走向完全无序、混乱的另一个极端，两者都无法有效达成预设的目标。合作关系模式便是在这种状况下产生的，该模式实质上是前两种模式的融合，即试图在集权与分权之间寻找一个平衡点，既使国家能够有效控制与监测本国的教育质量与人才培养的过程，避免过度分权导致的过于随意的课程调整；同时又充分照顾到地区、学校和教师在课程中的主动性，避免过度集权导致课程体系的僵化。不同国家的教育情况不同，如何根据本国实际，在参与合作模式中准确找到分权与集权的平衡点，成为各国目前亟待解决的一个问题。

二、课程评价的发展

相比课程领域各个方向的研究，课程评价是一个相对新兴的研究方向。20世纪60年代，美国的《科尔曼报告》(即《关于教育机会平等的报告》，Equality of Educational Opportunity)和国家教育进步评价(National Assessment of Educational Progress，NAEP)两项国家层面的研究被认为是课程评价开始的标志。②《科尔曼报告》激发了研究者对课程测量的兴趣，他们试图通过各自的研究来推翻"学校改变不了什么"的结论。从1969年开始，NAEP对全美学生的数学、科学、阅读等科目进行系统测试。虽然NAEP无法回答大部分研究者们感兴趣的有关课程方面的问题，但有大量的教育研究者和政策制定者从课程相关方面的原因来解释学生

---

① Doune Macdonald, "Curriculum Change and the Post-Modern World: Is the School Curriculum-reform Movement An Anachronism?" *Journal of Curriculum Studies*, 2003, 35(2), p. 139.

② Linda Darling-Hammond & Jon Snyder, "Curriculum Studies and the Traditions of Inquiry: The Scientific Tradition", in Philip W. Jackson, ed., *Handbook of Research on Curriculum*, New York, Macmillan, 1992, pp. 41-78.

成绩的差异。[①]

　　同一时期，西方国家开始了"新课程运动"（New Curriculum Movement）。这场运动的一个主要理念是广泛运用于学校的各类课程材料应当事先经过科学的验证，而这个科学的验证任务只有通过评价才能实现。课程评价由此应运而生，作为一个独立的研究方向得到了认可。起初，课程评价遵循进步主义思想，关注教育过程的复杂性。泰勒的"八年研究"中呈现了大量的课程评价例子，用于比较接受进步教育和传统教育两种不同教育方式的学生。随后，克隆巴赫将评价用于课程提升，课程评价不再停留于对学生、学校、教育成果、项目和各类教育项目参与人员的一个简单的等级打分。[②]

　　随着课程研究关注点的变化，课程评价的核心也发生了变化。20 世纪 60 年代，课程评价主要关注课程评价模型的构建，由于当时课程研究和评价研究都强调课程评价活动的科学性，因此，这个阶段的课程评价大都发挥了形成性评价的作用。到了 20 世纪 70 年代，随着设计好的课程运用于实践，课程评价研究者开始关注课程实施过程的评价，发展相应的理论和编制相应的测评工具。由于无法提供课程编制者所需的信息无法全面、有效地满足课程编制者的需求，课程评价研究者开始对已有的课程评价进行反思。首先，他们开始拓展课程评价的策略。自然主义评价即质性的分析方法在课程评价中得到了认可，获得了和量化分析同样的地位。传统的实验设计和"硬"数据分析不再具有优势。其次，1981 年，《教育项目和材料的评价标准》出版，其旨在提升课程评价研究的质量，促进课程评价研究在实践中的应用。最后，对评价的结果进行了系统的检验，发现在实践中课程评价的结果已经得到了较为广泛的运用。到了80 年代，课程评价开始关注课程与社会环境中各种背景因素（如价值观、

---

　　① Daniel Tanner & Laurel Tanner, *Curriculum Development：Theory into Practice*, New York, Macmillan, 1980, pp. 142-187.

　　② William H. Schubert, "Curriculum Inquiry", in JoAnn Phillion & Ming Fang He, ed., *The SAGE Handbook of Curriculum and Instruction*, Newcastle upon Tyne, SAGE, 2008, pp. 402-403.

发展趋势、政治与经济因素等)之间的关系。①

从 20 世纪六七十年代起，课程评价在课程中的作用日益凸显，无论是课程改革计划还是新课程方案的设计与推广，课程评价都逐渐成为其中必不可少的一个环节，以帮助这些计划与方案变得更为完善。随着课程运动的发展，课程评价模式趋于多样化，更具有综合性和概括性，同时考虑的因素也更为周全——大众(家长、学生、教师、社区)的需求与意见、政府部门的需求、教育资金的变化、社会科技的发展与应用、课程改革本身的发展等都成为课程评价所涉及的范畴。课程评价开始引起普通大众的关注。很多人认为课程评价对于保证教育及教育计划的健康发展至关重要。公众日益要求公开课程活动的结果，希望了解学校、地区、国家甚至国际层面的教育质量状况。②

在基于核心素养的课程改革浪潮中，为保证核心素养落实到课程中、被广大教师领会接受并运用，课程评价成为衡量核心素养落实效果的重要抓手，为全球所共同关注。各国通过立法、加大教育投入和借助国际项目等方式，自上而下建立起完善的课程评价体系。例如，美国从 20 世纪 90 年代末开始重视标准与评价之间的关系，认为统一的评价制度是高质量标准实施的重要保障。德国从 2001 年起，在国家层面开始着手建立统一的课程评价体系，到 2004 年，建立了国家教育质量发展研究所，旨在测评课程效果，监测各州的课程质量。借助参与国际项目、建构国家层面统一的课程框架等多项教育改革措施，澳大利亚建立起了集国际、国家、州和学校于一体的课程评价体系。

无论是整体的课程标准还是作为课程标准组成部分的学业质量标准或教育标准，都为基于核心素养的课程评价提供了重要的依据与方向的指引。例如，德国明确提出改革传统的知识取向的投入控制，通过确立能力导向的国家教育标准，规定核心素养聚焦于与学科相关、可检验的能力，实现对教育质量进行能力取向的产出控制。此外，大量的课程评

① Marvin C. Alkin & Arieh Lewy, "Three Decades of Curriculum Evaluation", in Arieh Lewy, ed., *The International Encyclopedia of Curriculum*, New York, Pergamon Press, 1991, p. 399.

② [美]艾伦·C. 奥恩斯坦、弗朗西斯·P. 汉金斯:《课程:基础、原理和问题(第 3 版)》，柯森主译，512 页，南京，江苏教育出版社，2002。

价相关研究和社会各界的反馈为课程评价制度的建立与完善提供了坚实的依据和建设性意见。

第三节　课程评价的新进展：学习机会

从教育公平的角度看，无论性别、种族、家庭社会经济地位等如何，所有的学生都应有同样的机会接触课程，对各种概念有深入理解，能够用所学知识进行推理和解决问题，具有有效沟通的能力①，即所有的学生应当具有同样的课程学习机会（opportunity to learn，OTL）。

"学习机会"这个概念随着课程评价研究的兴起而出现，旨在考察课程中的公平问题。1992 年，这个概念在美国全国教育标准与考试委员会（National Council on Education Standards and Testing，NCEST）中出现，标志着这个概念开始进入教育政策领域。1994 年，《2000 年目标：美国教育法》（Goals 2000：Educate America Act）颁布，社会契约和教育机会均等假设开始占据主导地位，加上众多学业成绩与课程间关系的研究，使得"学习机会"从一个普通的学术概念成为教育政策领域关注的一个焦点，即学校是否有责任为学生提供足够的学习机会以保证其能达到预定的目标。2012 年，国际学生评价项目（Programme for International Student Assessment，PISA）首次将学习机会作为一个重要指标纳入其测查框架，发现学习机会和社会经济地位同样重要，均对学生的学业成就有重要影响，且社会经济地位除了直接对学业成绩产生影响外，还会通过学习机会对学业成就产生间接影响。这使学习机会受到研究者和大众的进一步关注，与学习机会有关的各类研究开始涌现。②

---

① Andrew Porter, "The Uses and Misuses of Opportunity-to-Learn Standards", *Educational Researcher*, 1995, 24（1）, p. 21；Floraline I. Stevens, "Applying An Opportunity-to-Learn Conceptual Framework to the Investigation of the Effects of Teaching Practices via Secondary Analyses of Multiple-Case-Study Summary Data", *The Journal of Negro Education*, 1993, 62（3）, pp. 232-248.

② OECD, "PISA 2012 Results：What Students Know and Can Do—Student Performance in Mathematics, Reading and Science （Volume I, Revised edition, February 2014）", http：// dx. doi. org/10. 1787/9789264201118-en, 2018-02-01, pp. 145-174.

一、学习机会的概念

(一)概念的缘起

20 世纪 60 年代,《科尔曼报告》发现学生的家庭背景对学业成就有显著影响。它对影响学生学业成就因素的重要性进行排序发现,最重要的是社会经济背景差异,其次是教师素质差异,最不重要的是设备和课程的差异[①],从而得出了"学校改变不了什么"的结论。对学校教育所能发挥的作用与功能的这些质疑,引起了课程研究者们的极大关注。他们试图从可测量的角度来回答学校效能的问题,学习机会概念正是在这样的背景下提出的。

1. 卡罗尔的学校学习模型

学习机会的概念由卡罗尔(John B. Carroll)首次明确提出,并与"教育机会"的一般概念进行了区分。[②] 卡罗尔认为任何人只要花足够的时间都能掌握预定的任务。教育关注的问题不再是学生能学什么,而是学生需要花多长时间学会。每个人所需的时间是不同的,主要由能力水平、学生理解教学的能力、学习毅力、学习机会和教学质量五个因素决定。前三个是学生自身因素,后两个是外部因素,能够被教师、学校和教育系统塑造与改变。五个因素具体的操作性定义如下。

能力水平:在最佳教学条件下学生学习特定任务所需的时间。

学生理解教学的能力:学生理解其所需学习的任务以及如何学习的能力。

学习毅力:学生愿意投入到特定学习任务中的时间。

学习机会:分配给特定学习任务的时间。

教学质量:教学呈现的程度,这种呈现所需的时间不应超过学生掌握所需的时间。

卡罗尔的课程模型具体可以表述为:

---

① James S. Coleman, Ernest Q. Campbell, Carol J. Hobson, James McPartland, Alecander M. Mood, Frederic D. Weinfeld & Robert L. York, "*Equality of Educational Opportunity*", in James S. Coleman ed., *Equality and Achievement in Education*, Boulder, Westview Press, Inc., 1990, pp. 75-120.

② John B. Carroll, "A Model of School Learning", *The Teachers College Record*, 1963, 64(8), p. 723.

$$学习程度=f\left(\frac{实际学习时间}{所需学习时间}\right)$$

$$=f\left(\frac{学习机会×学习毅力}{能力水平×教学质量×学生理解教学的能力}\right) \quad (1-1)$$

可见，卡罗尔的五个因素中有四个是和时间直接关联的。在其模型中，学习机会被定义为分配给特定学习任务的时间，即如果没有为学生提供充足的时间，学生是无法掌握所要学习的知识的。

2. 布卢姆的掌握学习模型

布卢姆随后将卡罗尔的学校学习模型进行了调整并纳入其掌握学习模型之中，认为通过调整学习机会和教学质量，任何学生都能达到熟练掌握的水平。[①] 如果能够设立合适的学业标准，将促使教师和学校承担其相应的责任，为学生提供必需的时间，以达到预设的学业标准。布卢姆将学习机会和教学质量视为可操作、可干预的变量，只要提供足够的时间和合适的教学，所有的学生都能学好。在布卢姆的掌握学习模型中，学习机会从一个理论概念转变为一个教育者用于提升学生学业成就的可操作的途径。[②]

(二)概念的发展

1. 威利等人的定义和学业学习时间模型

威利、哈尼施费格尔(David E. Wiley & Annegret Harnischfeger)和伯林纳(David Charles Berliner)认为，科尔曼和詹克斯在其研究中没有充分考虑学习机会，简单地把在校时间作为二分变量对待，因此低估了学校教育的作用。[③] 基于卡罗尔和布卢姆的理论模型，威利等人认为学校教育要通过学生自身努力才能发挥作用。所有的投入变量只有通过学生积极投入学习的时间才能对学业成就产生影响。因此，学习机会被他们定

① Benjamin Samuel Bloom，"Learning for Mastery"，*Evaluation Comment*，1968，1(2)，pp. 1-12.

② Benjamin Samuel Bloom，"Time and Learning"，*American Psychologist*，1974，29(9)，pp. 682-688.

③ David E. Wiley & Annegret Harnischfeger，"Explosion of A Myth：Quantity of Schooling and Exposure to Instruction，Major Educational Vehicles"，*Educational Researcher*，1974，3(4)，pp. 7-12；David Charles Berliner，"Allocated Time，Engaged Time and Academic Learning Time in Elementary Mathematics Instruction"，https：//eric. ed. gov/? id＝ED171539，1978，2018-02-06.

义为"学生积极参与学习的时间上限"。

在此基础上，新教师评估研究（Beginning Teacher Evaluation Study，BTES，1990）的研究者认为，为了达到特定的学业标准，教师不仅需要提供给学生充足的时间，而且这些时间需要用于与标准有关的课程的教学，并提出了学业学习时间模型（Academic Learning Time，ALT），将学习机会定义为学生参与与预期高水平成就相关的学习时间。[1] 其所涉及的课程材料与活动都与重要的有价值的结果有关。[2] 构成学业学习时间模型的四个变量为分配的时间、参与的时间、成功率、课程与测量结果的一致性程度。

学业学习时间模型中所定义的学习机会基于前人的理论基础，但又有所发展与聚焦。首先，仅有卡罗尔定义的"分配给特定学习任务的时间"是不够的，还需要关注用于与测评结果有关的时间投入。其次，因为需要关注的是与测评结果有关的时间投入，因此学习机会概念开始涉及课程内容和学业标准。再次，成功率这个量化指标的测量替代了卡罗尔学校学习模型中的两个非时间变量——教学质量和学生理解教学的能力。因为学业学习时间模型认为如果学生的成功率高，则教学质量和学生理解教学的能力两者中至少有一个变量甚至两个变量都是高的，反之亦然。最后，威利等研究者和学业学习时间模型都开始关注教师在提供学生学习机会过程中的重要作用。因为在实际教学中，教师对如何将时间分配给具体知识内容具有很强的能动性。同时，因为教师在教学过程中需要进行维持纪律等课堂管理工作，能够分配给具体知识内容学习的时间会相应减少，因此，威利等研究者认为，学生学习机会的多少不仅受到每天上学时间长短、学年长短的影响，同时还受到班级中每个教师的具体

---

[1] David C. Berliner, "What's All the Fuss About Instructional Time", in Miriam Ben-Peretz and Rainer Bromme, ed. , *The Nature of Time in Schools*: *Theoretical Concepts*, *Practitioner Perceptions*, New York, Teachers College Press, 1990, pp. 3-35.

[2] Charles W. Fisher, David Charles Berliner, Nikola N. Filby, Richard Marliave, Leonard S. Cahen & Marilyn M. Dishaw, "Teaching Behaviors, Academic Learning Time, and Student Achievement: An overview", *The Journal of Classroom Interaction*, 1981, 17(1), pp. 2-15.

影响。①

2. 大型测评项目中的定义

20 世纪 60 年代，IEA 开始了有关学校系统与学生学习之间关系的研究。这些研究在国际层面展开，对不同国家之间的教育体系与学生学业成绩之间的关系进行比较分析，基于卡罗尔等研究者关于学习机会的概念定义，从不同的视角进行了系统研究。

(1)IEA 的定义

IEA 于 1964 年在全球 12 个国家开展了"第一届国际数学研究"(the First International Mathematics Study，FIMS)。研究者们明确指出，学生是否有机会学习特定的知识内容或者学习如何解决测试中涉及的某一类问题，对学生的学业成就会产生重要影响。与卡罗尔在学生个体水平基于时间进行定义有所不同的是，IEA 开展的国际测评研究所关注的学习机会，主要在班级或者教师层面，是基于课程内容的。因此，FIMS 研究者将学习机会定义为教师知觉到的学生熟悉测试中所涉及的知识内容的机会。② 在"第二届国际数学研究"(the Second International Mathematics Study，SIMS)中，学习机会被定义为"SIMS 实施当年及之前所教内容的覆盖率"。经过"数学机会调查"(the Survey of Mathematical Opportunity，SMO)项目对学习机会测量的完善③，TIMSS 对学习机会从预期的课程、实施的课程和达成的课程三个层面进行了系统的定义与量化。

(2)PROM/SE 的定义

美国密歇根州立大学主持的"促进数学和科学教育的成果"(Promoting Rigorous Outcomes in Mathematics and Science Education，PROM/SE)项目是一项由美国国家科学基金支持，旨在提高数学和科学教与学质量的研究。该项目希望找到一个有效的新方法来提升所有学生的数学和

---

① David E. Wiley & Annegret Harnischfeger, "Explosion of A Myth: Quantity of Schooling and Exposure to Instruction, Major Educational Vehicles", *Educational Researcher*, 1974, 3(4), pp. 7-12.

② Torsten Husén, *International Study of Achievement in Mathematics: A Comparison of Twelve Countries*, New York, John Wiley, 1967, Vol. 2, pp. 162-163.

③ William H. Schmidt & Adam Maier, "Opportunity to Learn", in David N. Plank, Gary Sykes & Barbara L. Schneider, ed., *Handbook on Education Policy Research*, New York, Routledge, 2009, pp. 544-545.

科学成绩，帮助教师和学生适应各个州和联邦政府新的课程标准要求。该项目将课程作为研究的重点，在之前大量研究，特别是 TIMSS 多年研究成果的基础上进行，所有的数据都具有课程敏感性。PROM/SE 认为学习机会是影响学生学业成绩的一个重要因素。公平地为所有学校的所有学生提供课程内容的学习机会是非常重要的。①

（3）PISA 的定义

由经济合作与发展组织（Organisation for Economic Co-operation and Development，OECD）发起的 PISA 于 2012 年开始，该项目也将学习机会纳入其测评体系。它将学习机会定义为"学生对特定知识内容的熟悉度与接触度"。这些知识点包括八年级到十二年级的重要数学课程内容和现实生活中会面临的数学内容。②

3. 波特等人的定义

波特（Andrew Porter）等研究者在"内容决定因素项目"（Content Determinants Project）中关注教师的课程决策如何对学生的学习机会产生影响。③ 随着研究的推进，波特等研究者的关注点逐渐从课程内容的覆盖面转向课程内容的一致性，并且不仅关注内容，同时还开始关注认知要求。④ 因此，他们将学习机会定义为"内容与认知要求的结合"，并认为学生的学业成绩是由其学习机会中所涉及的内容与测试所涉及的内容的一致性决定的。波特等研究者在"实施的课程调查"（Survey of Enacted Cur-

---

① "Opportunities to Learn in PROM/SE Classrooms：Teachers' Reported Coverage of Mathematics Content"，www. promse. msu. edu-documents/PROMSE—Opportunies％ 20to％ 20 Learn％20. pdf，2019-11-15.

② OECD，"PISA 2012 Results：What Students Know and Can Do—Student Performance in Mathematics，Reading and Science（Volume I，Revised edition，February 2014）"，http：// dx. doi. org/10. 1787/9789264201118-en，2018-05-10，pp. 145-174.

③ Robert E. Floden，Andrew Porter，William H. Schmidt，Donald J. Freeman & Jack R. Schwille，"Responses to Curriculum Pressures：A Policy-Capturing Study of Teacher Decisions About Content"，*Journal of Educational Psychology*，1981，73(2)，pp. 129-141.

④ Adam Gamoran，Andrew Porter，John Smithson & Paula A. White，"Upgrading High School Mathematics Instruction：Improving Learning Opportunities for Low-Achieving, Low-Income Youth"，*Educational Evaluation and Policy Analysis*，1997，19(4)，pp. 325-338.

riculum，SEC)项目中发展了一套完善的测量课程一致性的方法。[1]

4. 基于教学质量的学习机会

基于教学质量的学习机会是在卡罗尔的理论模型基础之上逐步发展而来的。它与基于时间的学习机会概念并行。沃尔伯格（Herbert J. Walberg)在其教育生产率模型中，将学习机会定义为"教学质量和教学时间"[2]。布罗菲和古德(Jere E. Brophy & Thomas L. Good)将提供信息、提问学生和提供反馈作为教学质量的重要方面。[3] 赫尔曼(Joan Herman)等研究者将学习机会定义为"课程内容、教学策略、有质量的教学资源和为测试所做的一般准备，对应的四个测查要素为内容覆盖、内容呈现、内容强调和教学质量的传递"[4]。其中，内容覆盖是指教师在特定年级或学科中应当覆盖的课程核心内容。内容呈现是指教师对覆盖的内容所投入的具体时间和提供的教学深度。内容强调是指教师对核心课程中所涉及的知识的强调程度。教学质量的传递是指教师如何让学生连续且有效地参与，使学生能够理解和掌握教师所教的内容，教学活动应当是有逻辑和顺序的。

5. 教育效能研究的定义

学习机会被认为是可塑的，是有效提升教育效能的一个重要途径。从教育投入/产出模型来看，学习机会被认为是研究教育投入(如国家标准)与教育过程(教学)、教育过程与教育产出(学生成就)以及经由教育过程的教育投入与教育产出之间的一致性问题的变量，这种一致性可以在班级、学校和国家层面进行研究。教育效能研究通常将学习机会作为自

---

[1]　Andrew Porter，"Measuring the Content of Instruction：Uses in Research and Practice"，*Educational Researcher*，2002，31(7)，pp. 3-14；Andrew Porter & John Smithson，"Defining，Developing，and Using Curriculum Indicators"，http：//www. cpre. org/sites/default/files/researchreport/788 _ rr48. pdf，2018-05-01.

[2]　Herbert J. Walberg，"A Psychological Theory of Educational Productivity"，in Frank H. Farley & Neal J. Gordon，ed. ，*Psychology and Education：The State and the Union*，Berkey，CA，McCutchan，pp. 81-108.

[3]　Jere E. Brophy & Thomas L. Good，"Teacher-Effects Results"，in Merlin C. Wittrock，ed. ，*Handbook of Research on Teaching*，New York，Macmillan，1986，pp. 328-375.

[4]　Joan Herman，Davina C. D. Klein & Jamal Abedi，"Assessing Students' Opportunity to Learn：Teacher and Student Perspectives"，*Educational Measurement：Issues and Practice*，2000，19(4)，pp. 16-24.

变量，将学生成绩作为因变量，在班级和学校层面进行研究。[①]

6. 社会学视角的定义

社会学研究也关注课程的差异对学生学业成就的影响。与课程研究和国际大型测评项目视角有所不同的是，它强调是学校教育的过程而不是学校对学业成就产生了重要影响，学校只能通过提供给学生的学习机会对学生学业成就产生影响。[②] 社会学领域的研究者认为不同体系的课程由于提供给学生的内容类型和量的不同而使学生的学习机会产生了差异[③]，并且学习机会还囊括了教师质量、教学方法等在内的教学影响。[④]

二、学习机会的测量

从卡罗尔明确提出"学习机会"的概念之后，不同研究者从不同的视角出发，推动了对学习机会的深入研究，探究学习机会对学生的学业成就产生的各种影响，使学习机会从一个简单的概念逐步发展为一个多维立体的框架。总体而言，学习机会的概念有三大分支：①以时间为核心，即沿着卡罗尔的模型，以时间作为学习机会操作化概念的核心，不同研究者对时间做了不同的限定。②以内容为核心，即关注教学中的课程内容，其又可细分为两个方面：一方面，关注课程内容的覆盖面，即课程内容的涉及面；另一方面，关注课程内容的一致性问题。③以教学质量为核心，相对前两个分支，教学质量本身就是一个内涵丰富的概念，其可量化的指标众多，教学资源、教学实践、教师期望、过程监控、矫正性反馈等均被认为是教学质量的重要体现。由于教学质量本身纳入了太多的内容，相比较而言，基于时间和内容方面的学习机会的操作化和可测量的概念更为清晰明确，相关的研究更多，也更为成熟与稳定。虽然

---

① Jaap Scheerens, *Opportunity to Learn*, *Curriculum Alignment and Test Preparation*: *A Research Review*, (Springer Briefs in Education), New York, Springer, 2017, pp. 13-14.

② Charles E. Bidwell & John D. Kasarda, "Conceptualizing and Measuring the Effects of School and Schooling", *American Journal of Education*, 1980, 88(4), pp. 401-430.

③ Karl L. Alexander & Edward L. McDill, "Selection and Allocation Within Schools: Some Causes and Consequences of Curriculum Placement", *American Sociological Review*, 1976, 41 (6), pp. 963-980.

④ William H. Schmidt & Adam Maier, "Opportunity to Learn", in David N. Plank, Gary Sykes & Barbara L. Schneider, ed., *Handbook on Education Policy Research*, New York, Routledge, 2009, p. 546.

学习机会这个概念出现的时间较晚，概念发展脉络相对清晰，容易理解，但面临具体测量情境的时候，对于理论概念的操作和测量要求非常复杂。不同研究者都试图在各自的概念框架下实现对学习机会的精准测量。以下将从概念的三个分支分别介绍学习机会的测量。

（一）以时间为核心的学习机会测量

卡罗尔的学校学习模型中将学习机会定义为"分配给特定学习任务的时间"，因此，使用以时间为核心的学习机会概念的研究者们将测量的重点落在对教学时间的度量上。刚开始，研究者们对教学时间的测量相对宏观，通常是对一个学科整个学期的教学时间进行测查，或者不同学科一学期内教学时间的分配等，并未具体到学科内各个知识点上教学时间的分配。[①] 伯林纳等研究者将教学时间进一步具体化，定义为"学生参与材料学习与活动的时间"[②]。贝克（David P. Baker）等研究者基于 TIMSS 的数据，发现相比国家层面的总体教学时间均值，对应到测试内容所投入的具体时间与学生的成绩有更密切关系。[③] 以时间为核心的学习机会测量，从测查宏观的学科总体教学时间转向了微观的与具体学科内容相关联的时间投入。

虽然在早期，以时间为核心的学习机会测量相对宏观、笼统，但研究者们仍然发现投入的总体教学时间与成绩之间存在关联，尽管这种关

---

① David E. Wiley & Annegret Harnischfeger, "Explosion of A Myth: Quantity of Schooling and Exposure to Instruction, Major Educational Vehicles", *Educational Researcher*, 1974, 3(4), pp. 7-12.

② David Charles Berliner, "Allocated Time, Engaged Time and Academic Learning Time in Elementary Mathematics Instruction", https://eric.ed.gov/? id=ED171539, 1978, 2018-05-12; David Charles Berliner, "Academic Learning Time and Reading Achievement", *Comprehension and Teaching: Research Reviews*, 1981, pp. 203-226; David Charles Berliner, "What's All the Fuss About Instructional Time", in Miriam Ben-Peretz & Rainer Bromme, ed., *The Nature of Time in Schools: Theoretical Concepts, Practitioner Perceptions*, New York, Teachers College Press, 1990, pp. 3-35.

③ David P. Baker, Rodrigo Fabrega, Claudia Galindo & Jacob Mishook, "Instructional Time and National Achievement: Cross-National Evidence", *Prospects*, 2004, 34(3), pp. 311-334.

联总体偏弱。[1] 随着人们对学习机会中时间测量的精细化和微观化，学习机会与成绩之间的关联程度进一步加大。[2] 即在特定知识内容上投入的时间越多，学生在这个部分的学业成绩就越好。此外，TIMSS 和 PROM/SE 在教师问卷中都实现了对教师所教各个知识点的教学时间的测查，并且发现与学生的学业成绩之间存在密切关联。波特等研究者对学习机会的测量也涉及教学时间的调查，但并没有把这部分信息合成到其一致性指标之中。

随着研究的深入，以时间为核心的学习机会测量指标不断细化，从最初的宏观整体教学时间到后续的具体知识点的时间分配测量，学习机会与学业成就之间的深层次关系被逐渐挖掘出来。

（二）以内容为核心的学习机会测量

以内容为核心的学习机会测量也在同步推进，其主要有两个方向的发展：一个是以课程为核心的 TIMSS 在学习机会的测量上做了大量研究，对教学内容的覆盖面的测量做出了巨大贡献，后续 PROM/SE 和 PISA 等项目沿着 TIMSS 的方向进一步推动了学习机会的测量与应用。另一个则是波特等人的研究最初与 TIMSS 的前期研究是一致的，但后来随着研究的推进，他们对学习机会从知识主题和认知水平两个维度进行测量，从对课程内容覆盖面的测量转向了对课程内容一致性的分析。

学习机会测量在 TIMSS 中有深厚的基础。因为 TIMSS 旨在实现对课程的测量和评价，从另一个角度来看，可以认为学习机会是课程评价中一个具有重要政策意义的指标。在当前，学习机会这个概念的政策接受度与大众的接受度远高于课程测量概念。因为学习机会概念相对清晰、

---

[1] Laura M. Desimone, Thomas M. Smith & Kristie J. Rowley, "Linking Student Achievement Growth to Professional Development Participation and Changes in Instruction: A Longitudinal Study of Elementary Students and Teachers in Title I Schools", *Teachers College Record*, 2013, 115(5), pp. 1-46; Adam Gamoran, "Instruction and the Effects of Schooling", The Annual Meeting of the American Sociological Association, Chicago, IL, 1987; Nancy Karweit, "Should We Lengthen the School Term?" *Educational Researcher*, 1985, 14 (6), pp. 9-15; Herbert J. Walberg & William C. Frederick, "Instructional Time and Learning", in Robert Ebel, ed., *Encyclopedia of Educational Research*, New York, Free Press, 1982, Vol. 2, pp. 917-924.

[2] William H. Schmidt & Adam Maier, "Opportunity to Learn", in David N. Plank, Gary Sykes & Barbara L. Schneider, ed., *Handbook on Education Policy Research*, New York, Routledge, 2009, p. 547.

简单，测量指标明确，主要关注教学时间或者课程的内容。与课程测量所包含的复杂的体系内容相比，学习机会概念更易被接受和重视，而这反过来能够推进整个课程测量的研究。TIMSS 发展起来的一整套课程测量的理论模型与方法，只要是与课程内容相关的指标，都能抽取出来作为学习机会的一部分。在目标课程层面，通过主题追踪法，研究者能够完整地获取各个知识点在各个年级的整体分布状况，即各个年级计划提供给学生的学习机会。在潜在的实施课程层面，使用同样的编码分析方法，研究者能够获得教材提供给学生的学习机会的状况。在实施的课程层面，采用问卷调查的方式，研究者能够获得教师对各个知识点是否进行了教学的反馈。在习得的课程层面，课程敏感性测量有助于更好地建立学习机会与学生学业成就之间的关联。PROM/SE 在 TIMSS 的基础上还增加了有关教师对各个知识点的储备状态的测查。

　　波特等研究者则在内容的一致性问题上不断深入推进。其所开展的研究主要关注班级层面教师的教学内容，即学习机会与标准化测试内容之间的一致性问题。对于测试的内容分析，是以题为基本单位的，对每一道题的测查知识点和所要求的认知水平进行编码分析。对教师的教学进行分析则更为复杂。在早期研究中，对于教师教学内容的分析主要是通过教师日常的教学日志实现的，后续则通过对教师进行问卷调查来实现。教师需要报告投入到每一个知识点的教学时间，以及对每一个知识点根据不同的认知水平要求所赋予的强调程度。对教师的问卷调查也能获得相应的内容矩阵。为了比较考试与教学在内容上的一致性，波特等研究者提出了一致性指标。

$$一致性指标 = 1 - \frac{\sum |X - Y|}{2} \tag{1-2}$$

　　其中，X 指教学内容指标，Y 指测试内容指标，一致性指标越接近 1 则说明一致性程度越高。[①] 这个一致性指标成为波特等研究者对学习机会进

　　① Andrew Porter, "Measuring the Content of Instruction: Uses in Research and Practice", *Educational Researcher*, 2002, 31(7), pp. 3-14; Andrew Porter & John Smithson, "Defining, Developing, and Using Curriculum Indicators", http://www.cpre.org/sites/default/files/researchreport/788_rr48.pdf, 2001, 2018-05-11.

行量化的核心指标，并且研究结果发现，一致性指标越高，则学生的学业成绩越高。随后，波特等研究者将该方法进一步推广到对课程标准、班级教学和州立测试之间的比较。

　　无论是 TIMSS 的研究还是波特等研究者对于学习机会的测查，都只能到达班级层面，通过对教师的调查，了解同一个班级内教师提供给学生的学习机会。但是就每一个学生而言，即便在同一个班级由相同的教师教学，每一个学生所能获得的学习机会是不同的，即上述对学习机会的测量无法体现班级内学习机会的变异。密歇根大学的"教学改进研究"（Study of Instruction Improvement，SII）项目要求教师通过定期记录日志的方式，报告对班级内 8 个"目标"学生进行教学的情况，以区分班级内学生学习机会的差异。[①] 同样，PISA 2012 年在学生层面增加了学生对数学知识点熟悉度的测查，也实现了基于学生个体的学习机会测查。但是，由于 PISA 是在学校内随机抽测学生的，因此所获得的数据只能表明学校内不同学生学习机会的差异，无法描述班级内的差异。

　　（三）以教学质量为核心的学习机会测量

　　沃尔伯格的元分析发现强化和矫正性反馈对学生的数学成绩具有积极的促进作用。[②] 萨克斯（Geoffrey B. Saxe）等研究者则发现影响教学质量的变量特别多，如何选取指标，实现对以教学质量为核心的学习机会的测量是关键。[③] 大部分以教学质量为核心的学习机会测量与应用研究主要根据斯蒂文斯（Floraline I. Stevens）提出的学习机会多维概念框架进行分析[④]，但都只用了其框架中的一部分变量，主要涉及内容覆盖面、教学活

①　Brian Rowan, Eric Camburn & Richard Correnti, "Using Teacher Logs to Measure the Enacted Curriculum: A Study of Literacy Teaching in Third-Grade Classrooms", *Elementary School Journal*, 2004, 105 (1), pp. 75-101; Brian Rowan, Delena M. Harrison & Andrew Hayes, "Using Instructional Logs to Study Mathematics Curriculum and Teaching in the Early Grades", *The Elementary School Journal*, 2004, 105(1), pp. 103-127.

②　Herbert J. Walberg, "Synthesis of Research on Time and Learning", *Education Leadership*, 1986, 45(6), pp. 76-85.

③　Geoffrey B. Saxe, Mary Gearhart & Michael Seltzer, "Relations Between Classroom Practices and Student Learning in the Domain of Fractions", *Cognition and Instruction*, 1999, 17(1), pp. 1-24.

④　Floraline I. Stevens, "Applying An Opportunity-to-Learn Conceptual Framework to the Investigation of the Effects of Teaching Practices via Secondary Analyses of Multiple-Case-Study Summary data", *Journal of Negro Education*, 1993, 62, pp. 232-248.

动、教师课程知识等指标。① 总体而言，因为教学质量本身的内涵较为广泛，又缺乏相应的理论基础和逻辑框架，而且以教学质量为核心的学习机会测量指标与以时间和以内容为核心的学习机会测量指标有重合，因此，到目前为止，其进展相对较慢。

（四）与学习机会测量相关的问题

关于学习机会的测量，特别是以内容为核心的测量，必须首先建立一个学科的知识内容体系，因为只有在一个统一的体系下，才能进行相应的内容分析。知识内容体系框架可以建立得比较宏观，也可以建立得非常微观。例如，TIMSS 的学科知识框架是一个多层级的框架，既有相对宏观的层面，也有微观层面的知识内容，而所建立的框架的具体程度会直接影响后续的文本分析与编码工作。一般而言，在宏观层面，不同的编码或者测试形式的一致性程度会比较高，随着知识层面的不断具体化，不同编码者之间或者不同测试形式之间的一致性开始降低。如何提升编码的准确性或者一致性，一方面需要对所建立的知识内容体系有明确的操作性定义，另一方面则需要对编码者进行系统培训。

关于学习机会的测量，大部分研究主要通过问卷调查的方式完成。这样比较节约成本且相对高效，也有部分研究通过教师日志记录的方式进行。有关学习机会的测量一直存在争议，争议的焦点主要在测量方式和测量时间的选择上，即采用调查、日志还是观察的形式，多久调查一次以及什么时候调查（学期末或者学年末）。关于测量形式之争，密歇根大学的 SII 项目通过比较教师日志与两位独立观察者之间的结果发现，在语言学科研究的三个重点内容维度（词汇分析、阅读理解与写作）上，两种测量方式的一致率为 81％，90％和 87％。② 数学的几个重点内容维度，两者的一致率在 80％以上。③ 有研究者分析发现，9 个数学内容领域中的 6 个，7 个科学领域中的 6 个，通过教师日志获取的教学时间与通过调查

---

① Andrew C. Porter, "Measuring the Content of Instruction: Uses in Research and Practice", *Educational Researcher*, 2002, 31(7), pp. 3-14.

② Eric Camburn & Carol Barnes, "Assessing the Validity of A Language Arts Instruction Log Through Triangulation", *Elementary School Journal*, 2004, 105, pp. 49-73.

③ Heather C. Hill, "Content Across Communities: Validating Measures of Elementary Mathematics Instruction", *Educational Policy*, 2005, 19, pp. 447-475.

问卷获取的结果的相关系数均在 0.7 以上。研究者还特别强调,问卷中有关教学时间的调查并没有进行特别设计,与教师日志中获取的数据并没有一一对应的关系。但在认知维度上,相关系数则下降很多,数学与科学分别为 0.48 和 0.34。[①] 基于上述分析可以发现,采用问卷调查的方式对学习机会进行测量,效度是基本有保障的。这种方式耗时少、成本低,更容易在大范围内开展研究。

此外,关于学习机会测量过程中工具编制中一些用词问题也会对学习机会的准确测量产生影响。有研究者认为,PISA 2012 年学习机会的结构效度因为在概念熟悉度中选项的词语表达不当而受损,使有关学习机会的相关研究结果都受到影响。在 PISA 2012 年学生问卷中,研究者采用五点量表的形式,通过对学生概念熟悉度的测量,即采用对课程内容曝光的测量,作为学习机会的测量指标。在这个五点量表中,前四个选项用的是统一的量表式表述("从未听说过""听说过一两次""听过几次""经常听说"),但最后一个表述为"很了解、理解这个概念"。汉森(Kajsa Yang Hansen)等研究者认为前四个选项准确地测查了内容曝光的频率,但最后一个选项引入了学生的数学自我概念。通过结构方程建模,研究者从学习机会的结构中提取了数学自我概念的潜变量,然后将学习机会完全模仿 PISA 的分析重新测量了一遍,发现学习机会与学业成绩之间的关联有明显的减弱。可见,工具编制过程中任何一个环节的疏漏都有可能引起对所测概念效度的破坏。[②]

从内容覆盖面或曝光频率的角度,或从课程内容与测试内容之间的一致性角度来看,几乎所有的研究都发现,学习机会与学生的学业成绩之间存在关联,测量的学习机会越微观,与其所对应的学业成绩之间的关联越强。从这个角度而言,如果太过于强调学习机会对提升学生学业成就的重要性,可能会引起一个不良的教学应对方式,即为了考试而教。

---

① Andrew C. Porter & John L. Smithson, "Defining, Developing, and Using Curriculum Indicators"(CPRE Research Report Series RR-48), Philadelphia, Consortium for Policy Research in Education, 2001, p. 13.

② Kajsa Yang Hansen & Rolf Strietholt, "Does Schooling Actually Perpetuate Educational Inequality in Mathematics Performance? A Validity Question on the Measures of Opportunity to Learn in PISA", *ZDM*, 2018, 50(4), pp. 643-658.

测验测什么，教师就重点教什么，让学生获得更多与测验内容相对应的学习机会，从而直接提升学生的学业成就。这是过度提倡学习机会可能导致的一个不良后果。

三、小结

学习机会概念从 20 世纪 60 年代被提出，到 20 世纪 90 年代末被教育政策领域关注，再到 PISA 2012 年对学习机会的应用，引发了新一轮研究的热潮。这个概念从最初的内容覆盖面和教学时间两个维度逐步变得丰富多元。随着政策的变化，学习机会的概念也在发生着变化，对学习机会的测量也不断变化，出现了众多量化指标。

在不同的研究中，学习机会有的被当作因变量，作为学校教育的结果，以研究不同的因素对学习机会的影响，试图为教育政策的制定提供更多的信息与依据。但这一点在不同的学科之间存在较大的差异，较难在不同学科之间进行推广，具有明显的学科特异性。同时，也有将学习机会作为自变量或者中介变量的研究，它们主要关注学习机会对学生学业成绩的影响。学习机会对学业成绩有影响已被公认，但这种影响到底有多大则一直存在争议，这也是当前研究者们试图准确挖掘的一个点。无论用何种测量指标，无论是将学习机会作为因变量还是自变量抑或中介变量，各类研究都发现学习机会与学生发展之间的积极关系，这也是学习机会持续受到关注的一个重要原因。

学习机会被作为学校教育的一个重要的量化指标，是教育研究更加科学化的一个重要改进。除了质性分析外，还能通过量化指标提供客观、准确的信息。同时，学习机会是课程评价具体应用的一个重要体现，也是课程测量与评价更科学的重要助推器。从本质上看，学习机会是课程测量与评价体系的一个重要部分。学习机会研究的兴起，受到教育政策领域与教育研究者的关注与重视，使课程测量与评价领域也能获得更多的关注与重视；学习机会测量方法的不断完善，也能推动课程测量与评价研究的进一步发展。

第二章　国际课程评价现状

　　课程评价的重要性日益被世界各国所觉察和关注，本章从国际视野的角度出发，选择四个各具特色的国际组织或国家的课程评价案例进行介绍与分析。TIMSS 一直致力于国际课程的测量与评价，为其参与国和地区提供了一个可比较的国际基准，对课程评价领域的发展与推动有重要贡献。美国的课程评价设计和推进与其课程体系的建立是两个相对独立的体系，通过自上而下的推进以及相关法律政策的保障，实现了课程评价与课程体系的融合。英国则通过立法的形式，在课程改革过程中直接纳入课程评价模块，在国家层面定期开展统一的课程评价。澳大利亚的课程评价与其课程体系是一体化设计的，且强调跨学科的融合性，对未来课程评价的发展具有一定的启示。

第一节　国际层面的课程评价研究：TIMSS

　　IEA 一直致力于在国际层面进行课程的比较研究。1964 年，IEA 举办的"第一届国际数学研究"（FIMS），发现有大量不同因素影响着数学课程的教与学。1980 年，IEA 实施了"第二届国际数学研究"（SIMS），随后开展了"第二届国际科学研究"（the Second International Science Study，SISS）。第二轮研究是对第一轮研究的深化，并为 1995 年开展的"第三届国际数学与科学研究"奠定了良好的基础。从 1999 年起，该项目名称固定为"国际数学与科学趋势研究"（TIMSS），每四年分别对四年级和八年级的学生进行周期性测量。

　　1995 年开展的 TIMSS 研究，除了在国际层面进行比较研究外，IEA

还专门在参与国和地区开展了有关数学与科学课程的专题研究。通过这次大规模的专题研究，IEA 完善了其于第二届国际数学/科学评价中提出的课程模型，形成了一系列课程评价的方法，获得了海量的课程比较与评价结果，对各个参与国和地区的课程政策制定与课程设置产生了深远影响。自 1995 年起，TIMSS 的研究框架基本确立，成为后续项目推进的一个标准范本。之后续每一轮的测量都在该框架基础上，根据当前世界各国和地区课程的最新变化，结合上一轮测量的经验进行调整。以下将对 1995 年 TIMSS 课程评价研究的主要思路进行介绍。

一、课程评价模型的发展与完善

课程本身非常复杂，要实现对课程的系统测量与评价，需要对课程体系有深入的认识。TIMSS 使用的四级课程模型源于 SIMS 和 SISS 的三级课程模型，是对三级课程模型的扩展。[①] IEA 最初提出的三级课程模型充分考虑了课程的宏观、中观和微观层面，将课程的顶层设计及其所处的具体社会环境、课程实施的课堂和学校所处的环境、最终习得课程知识的个体及其背景均囊括到了模型之中。而在 TIMSS 中，它进一步把教材与实施课程进行了区分，之所以如此调整，有其特殊考虑。

在不同的教育体系中，教材在整个课程系统中所处的位置与发挥的作用有所不同。在有些国家和地区，全国或整个地区使用统一教材，教材是对课程标准的权威解释与具体化。教材对教师的教学有非常重要的指导作用，是教师实施课程的关键依据。在另一些国家和地区，教材是一个完全商业化运作的过程，有专门的出版商负责教材的编写。教师在课程实施过程中有独立选择教材的权力，相比前者，商业化的教材的权威性与政策性大大下降。还有一部分国家和地区，教师的课程实施工作是与教材完全脱离的，教师不需要固定的教材来开展教学。

由于教材在不同的课程体系中所发挥的作用不同，如果将其归入课程实施层面，那么教材的政策性和权威性就有可能被掩盖。把教材单独列为一个层面，既能够更明确教材在整个课程体系中的地位与作用，也更适用于国际层面的比较研究。IEA 在对课程研究不断深入的基础上，

---

① 辛涛、王烨晖、李凌艳：《新课程背景下的课程测量：框架与途径》，载《北京师范大学学报(社会科学版)》，2010(2)。

实现了对课程模型建构的不断完善。

二、课程评价框架的确立

TIMSS 的定位明确，其所建立的课程评价框架旨在为国际层面不同课程体系的比较提供基准，为国际测评工具的编制提供依据。在学业测试中，最常用的评价框架便是依据布卢姆的教育目标分类学发展起来的双向细目表。学科知识通常以列的形式呈现，认知能力要求以行的形式呈现，每一个列与行的交点便是具体的出题点，与测试题目形成一一对应的关系。但由于双向细目表忽略了知识内容与认知能力之间的内部关系，对具体学科知识体系的描述过于细致而缺乏弹性，导致它无法实现对多样化的课程体系的概括与描述。TIMSS 作为一个国际层面的大型测评项目，其课程评价框架必须有足够的弹性，具有广泛的适应性，能够实现对不同背景下各类课程体系的充分描述与刻画，能够充分将课程体系的特点展现出来，而不是像双向细目表那样进行简化。

基于这些要求，TIMSS 针对数学与科学两门学科分别建立了一个包括内容(content)、表现期望(performance expectations)和观点/背景(perspectives/context)三个维度在内的多维多层级的课程评价框架。[①] TIMSS 中的内容维度和双向细目表中的内容维度含义类似，即学科知识体系；表现期望维度与双向细目表中的认知能力维度类似，不同之处在于表现期望维度的不同类别之间没有嵌套关系；观点/背景维度主要与学生的兴趣、态度、背景及相关应用有关。在每一个维度下面，TIMSS 进行了类别的划分，并且根据需要划分出了二级维度和三级维度。

与双向细目表的一个重要不同在于，TIMSS 课程评价框架的三个维度之间没有嵌套关系，同一个维度的不同类别之间也没有嵌套关系，仅在类别与二级维度以及二级与三级维度之间存在嵌套关系。因此，对任何一个课程成分的分析，它可以只具有某一个维度的属性，也可以具有两个或者三个维度的属性；它可以具有一个维度中一个类别的属性，也

---

① "Survey of Mathematics and Science Opportunities, Mathematics Curriculum Framework (Research Report Series No. 38)", East Lansing, Michigan State University, 1992a; "Survey of Mathematics and Science Opportunities, Science Curriculum Framework (Research Report Series No. 37)", East Lansing, Michigan State University, 1992b.

可以具有同一维度多个类别的属性。与双向细目表相比，TIMSS 的课程评价框架具有更强的灵活性，并且考虑了课程成分内部的关联性，对不同的课程体系具有更好的适用性。

TIMSS 在每一个维度内部进行了细分。在内容维度，对于学科知识内容的类别划分有多种可能。TIMSS 本着类别划分能够敏锐地反映课程发展变化和充分考虑参与国和地区课程特点的基本原则，经过多次国际层面的协商，确定了两门学科的内容类别划分。数学与科学分别被划分为 10 个和 8 个类别，每个类别下又划分出 1～6 个二级维度，有的二级维度进行了三级维度的细分。在表现期望维度，TIMSS 根据探究学习的基本过程，分别将数学与科学划分为 5 个不同的类别，每个类别下又细分为 3～6 个二级维度。在观点/背景维度，数学被划分为 5 个不同的类别，科学除了和数学具有相同的 5 个类别之外，又增加了一个该学科特有的"科学表现的安全性"类别。部分类别下又进一步细分了二级维度。

总而言之，TIMSS 建立起了一个多维多层级的课程评价框架，这个框架完整涵盖了义务教育阶段的数学与科学课程，有较强的灵活性，能够适用于不同国家的不同课程体系，灵敏地反映出课程体系的发展趋势与变化特点，从而能够在国际层面上进行多种课程体系的比较研究。

三、课程评价方法的开发与质量控制

课程集大量的人、物和动态过程于一身，受到社会、学校、家庭等多层面因素的影响，是一个复杂的体系，因而课程评价的有效开展面临着一系列挑战。为了实现对课程体系的系统研究与评价，TIMSS 充分了解各个课程层面的特点，基于质性与量化方法相结合的混合方法论思想，发展出了一系列的课程评价方法，实现了对课程体系各个层面的系统评估，同时建立了一整套评价方法的质量控制体系，以保证评价结果的客观性与准确性。

针对课程体系中存在的大量文本材料，TIMSS 发展了一整套包括专家意见法、文本分析法、主题追踪法和教材图示化等在内的质性分析方法。所有这些方法都在 TIMSS 统一的（数学与科学）课程框架下分析，保证分析结果能够在国际层面进行比较。其中，专家意见法能够帮助TIMSS 确认测试项目与参与国和地区课程（包括课程标准和教材）之间的一致性程度，保证 TIMSS 的测试能够最大限度地与参与国和地区的课程范围相吻合。此外，TIMSS 根据课程材料的特点，发展了一套程序严格的文本分析法，对各个参与国和地区的课程专家进行培训，当被培训课程专家熟练掌握该方法后，就可对各参与国和地区最常使用的数学与科学教材进行系统分析。分析结果通过主题追踪法和教材图示化等方法，以图表等形式直观呈现。

针对课程的实施过程，TIMSS 首次解决了录像带研究中样本的选择、摄影、录像转化和编码的标准化问题，开创了大型录像研究的先河。通过录像的方式，TIMSS 突破了课堂现场受观察人数和时间的限制，可以通过多人、多角度、重复多次观察进行深入分析。对于录像的内容，TIMSS 结合"自上而下"和"自下而上"两种策略，建立了一套编码标准，适用于不同国家和地区教学过程的编码分析。在课程录像编码的基础上，评价者可以整理出相应的量化分析指标，实现对教学过程的客观测量。

无论是对文本材料的分析还是对课程实施过程的录像研究，这些质性分析方法都有一个共同的特点，即在质性分析完成之后，能够提取相应的量化指标。这采用了混合方法论的思想，实现了方法上的创新。基于质性分析提取出的量化指标可以用于后续的数据分析与课程模型的构建，TIMSS 第一次实现了课程不同层面之间的关系研究，构建起了课程体系运作的模型，对课程不同层面之间的相互作用机制进行了探究。正是在混合方法论的思想指导下，TIMSS 将曾经处于对立状态的质性分析与量化分析两大方法体系进行了综合应用，实现了对课程体系的完整分析。

质性分析中存在一个重要的问题，即所有的分析工作均由人来完成，即便是富有经验的课程专家，在观察或者编码的时候都会受到主观因素的影响。为了保证课程质性分析结果的客观性，TIMSS 制定了一整套标准化分析流程。例如，文本分析法中，在各参与国和地区的课程专家正式对本国或本地区的课程材料进行分析前，TIMSS 对所有参与文本分析的国家和地区的课程专家进行系统培训。从课程框架的介绍到文本材料的分解，直至每一个分解后的区块如何按照已有的框架进行编码，都予以清晰说明，并设计了统一的编码表格，供各参与国和地区的课程专家在编码时使用。培训的同时还要求课程专家进行现场编码练习，并对其编码的结果进行反馈，直至其达到 TIMSS 设定的标准为止。之后，课程专家才正式对本国或本地区的课程材料进行分析。在课程专家分析完本国或本地区的课程材料后，TIMSS 核心研究组会抽取部分国家或地区的课程材料，将其翻译成英文，由核心研究组的课程专家进行编码分析，将结果与该国或该地区课程专家的结果进行对比，以检查课程专家编码的一致性程度。

TIMSS 之所以能够成功实现对课程体系的系统测量与评价，主要得益于以下几个方面的创新：首先，TIMSS 能够根据课程各个层面的特点，开发合适的分析方法；其次，TIMSS 将混合方法论的思想用于质性与量化特质并存的课程，将质性分析结果再进行量化处理，实现了质性与量化分析的统一；最后，TIMSS 有一套严格的质量控制程序，保证其所有的分析结果都是客观、准确和可靠的。

四、TIMSS 结果的运用

正是由于评价方法体系的有力支持和对过程质量的有力控制，TIMSS 成功实现了国际层面的课程分析与评价研究，对世界各国和地区的课程改进与发展产生了重要而深远的影响，为人们更深入思考相关的教育问题提供了启发，例如，教育经费的投入与产出并不成正比，"小班化"教学并不一定优于"大班化"教学等。TIMSS 发现的一系列有意义的结果，推动了各国和地区深入思考改变影响学生掌握知识状态的因素，帮助其考虑如何选择适合自身的课程模式。[1]

TIMSS 的测评结果对各参与国和地区的教育产生了重要影响，几乎每个国家和地区都能从中获得有益的帮助。例如，TIMSS 对美国的课程改革产生了巨大影响。正因为在 TIMSS 中的不佳表现，美国深入研究本国课程体系，充分学习借鉴 TIMSS 高成就国家和地区课程体系设置的特点，并以此为重要依据，实施了一系列课程改革举措。[2] 德国由于在

---

① 杨涛、李曙光、姜宇：《国际基础教育质量监测实践与经验》，31～32 页，128 页，北京，北京师范大学出版社，2015。

② William H. Schmidt, Hsing Chi Wang & Curtis C. McKnight, "Curriculum Coherence: An Examination of US Mathematics and Science Content Standards from an International Perspective", *Journal of Curriculum Studies*, 2005, 37(5), pp. 525-559.

1995 年的 TIMSS 中表现不佳，引发了全国有关教育质量的讨论，并开始了相应的教育改革。通过 TIMSS 的测评，澳大利亚发现虽然本国整体排名靠前，但在教育公平方面存在较大的地区差异和城乡差异。这促使澳大利亚加强了其国内的教育质量监测工作，出台了相应的教育改进政策。日本在 TIMSS 测评中的排名持续下降，使其意识到"宽松教育"政策存在大量问题，其对当时的教育质量深感忧虑，并最终重启中断达 43 年之久的全国学力调查。①

五、小结

TIMSS 是当今世界最有影响力的国际测评项目之一，它以明确的定位、创新的研究方法、大量翔实的科学数据而蜚誉全球。

TIMSS 的参与国和地区众多，涉及的调查对象广泛，包括学生、教师、校长、相关的课程专家；测查内容系统，不仅针对数学与科学课程体系本身，同时还从学生个体、教师教学、课程设置、课程政策及学校等不同层面收集各类影响数学与科学课程因素的相关信息。

TIMSS 在 FIMS、SIMS 和 SISS 的基础上，经过众多研究者对课程的系统研究，形成了特色鲜明的课程结构理论，为 TIMSS 对课程体系的解构、分析与结果解释提供了坚实的理论基础和重要的实证依据。具体的实证研究对理论本身也是一个检验与论证的过程。随着实证研究的不断深入，TIMSS 对其课程模型理论进行了修正与完善。TIMSS 将理论发展与实证研究紧密结合，实现了双赢发展。

TIMSS 在国际层面聚集了大量课程研究专家，形成了一整套创新性的课程评价研究方法体系，为其课程评价的具体实施提供了可能。TIMSS 对文本化的课程发展出了一整套规范的质性分析方法，对动态的课程教学过程形成了标准化的录像研究体系。为了减少质性分析的主观性，TIMSS 为其质性分析方法制定了一整套标准化的分析流程和质量控制标准。更重要的是，其基于混合方法论思想，将质性分析结果合成量化指标，与其他课程量化方法所获得的数据一起，实现了对课程的系统分析，这是其在课程评价领域的一个重要创新与贡献。这些量化分析结

---

① 杨涛、李曙光、姜宇：《国际基础教育质量监测实践与经验》，58 页，北京，北京师范大学出版社，2015。

果反过来能进一步对其所提出的课程模型理论进行验证。

TIMSS 的重要影响还体现在其结果的运用上。首先，TIMSS 从国际视野为各个参与国和地区提供了一个了解本国或本地区情况、了解自身在国际上所处位置的机会，让参与国和地区对本国或本地区在国际上的实际情况有了更客观、准确的认知。其次，TIMSS 发现了一些与诸多教育理论不相符的结论，例如，教育投入与产出的关系，小班化教学的效果等，促使研究者、教育者及政策制定者更深入思考各类问题。再次，TIMSS 还帮助参与国和地区发现本国或本地区课程体系中存在的问题，加速了其进行课程与教育改革的步伐与进程，为其各类改革政策的制定提供了科学依据，促进其课程质量的提升。最后，TIMSS 的数据完全开放，大量研究者利用 TIMSS 的数据进行了二次分析和深度挖掘，从中获得了更多有意义的结果，进一步扩大了 TIMSS 在全球的影响力。

第二节　美国课程评价

20 世纪 50 年代，苏联人造卫星先于美国发射，美国将其在军事竞赛中的落后归咎于教育的落后，随即着手对本国教育进行改革，从此拉开了以十年为一周期的课程改革帷幕。20 世纪 50 年代到 80 年代，美国的课程改革一直在重基础和重学生个性发展两个极端间来回变换，每改革一次，其改革基调便转换一次，但从改革的效果来看，教育质量均未有明显提升，未能达到预期目标。这段经历使美国认识到需要从国家层面统一推进课程改革。

一、美国课程改革的发展历程

（一）从国家层面开始统一部署课程改革事业，各州在国家标准的指导下进一步落实与完善

美国是一个分权制国家，教育由各州负责，国家无法直接插手与干预。因此，美国试图通过一个整体性的改革方案，与地方达成一致，共同推动本国的教育改革。1989 年，美国州长协会（National Governors Association，NGA）倡议建立全美统一的国家课程，得到了政府的响应。1994 年通过的《2000 年目标：美国教育法》推出了一系列改革措施。制定

全国统一的课程标准成为一项重要任务，其明确要求进行"基于标准的改革"，开启了美国 20 世纪 90 年代的课程改革。同时，美国专门成立了国家教育目标小组（National Education Goals Panel，NEGP）、国家教育标准与改进委员会（National Education Standard and Improvement Council，NESIC）和全国教育标准与考试委员会（NCEST），以确保全国和州层面课程标准的制定、实施和评价。[1]

国家数学教师协会（National Council of Teachers of Mathematics，NCTM）首先研发了全国统一的数学课程标准。随后，联邦教育部资助研发了科学、历史、地理、英语、艺术、公民和外语等国家课程标准。在全国性课程标准研制的引领下，各州基于全国课程标准开始研发各自的课程框架，并带动了教材、师资培训、教学和评价等方面的改革工作。[2]以数学为例，1988 年国家层面的数学课程标准出版，到 1992 年，所有教材供应商都按照该标准编写教材，全国有 30%～40% 的教师根据标准教学[3]，且 NAEP 也根据标准进行了相应的调整。美国的这次课程改革突破了长期以来教育系统地方分权制的局限，将国家意志、宏观政策和统一规划与地方需求和现实进行了有机融合，具有重要的里程碑意义。

（二）以立法和加大教育投入的方式，继续提升学业标准，并建立配套的课程评价体制，以保证高水平学业标准的实现

这一轮课程改革前期在国家层面推进得比较顺利，而后期，在落实各州层面的具体工作时，因为所持态度不同，各州进度不一。2001 年，《不让一个孩子掉队》（No Child Left Behind，NCLB）法案颁布，美国教育向公平和卓越的方向进一步发展。该法案要求全面提高学生的学业标准，缩小不同学生群体之间的差距，并设置了严格的奖惩措施。2002 年颁布的《美国教育部 2002—2007 年战略规划》则将卓越提升至更重要的目标。2009 年，美国为教育提供了 1400 多亿美元的资金，发布了《机会平等：

---

① 吴颖民：《二战后美国基础教育课程改革的特点及其启示》，载《课程·教材·教法》，2008(8)。

② 钟启泉、张华：《世界课程改革趋势研究（中卷）·课程改革国别研究》，312 页，北京，北京师范大学出版社，2001。

③ 李素敏、张炜：《美国基础教育的课程改革及其特点》，载《天津师范大学学报（基础教育版）》，2003(3)。

为美国公民和全球经济改革数学和科学教育》的报告，提出数学和科学应有更严格的内容、提高教学标准和评估水平的要求①，并于同年启动了"力争上游"(Race to the Top)计划，提供 40 多亿美元资金，通过各州申请来帮助其进行两门学科的改革。②

（三）将 21 世纪核心素养融入课程之中，继续加强国家对课程的控制与监督，并对教材编写进行指导，保证高水平标准的落实

2010 年，《州共同核心课程标准》(The Common Core State Standards，CCSS)颁布，要求全美学生在进入大学之前，各年级都按照统一的标准进行学习。课程标准难度再次提升，旨在提高美国基础教育的整体质量，为学生的发展打下基础。该标准是由民间组织发起的，全美 51 个州/特区(除阿拉斯加州和得克萨斯州)签署了备忘录。虽然是否实施该标准仍由各州自行决定，但根据备忘录的规定，州标准应至少包括《州共同核心课程标准》85％的内容，且可以高于《州共同核心课程标准》的要求。随后，与之相配套的教材出版指南发布，为教材的编写、出版和选择提供了重要指导与参考标准。到 2015 年，全美已有 45 个州/特区开始实施该标准。③

与此同时，于 2002 年启动的美国 21 世纪核心素养研究日臻完善，其重点开始转向如何落实，其中，学校教育是落实的重要途径。2011 年，21 世纪核心素养联盟发布了《P 21 共同核心工具包》(P 21 Common Core Toolkit)。其所提出的核心素养通过评价、课程、教学、专业发展和学习环境等多条路径整合到标准中，旨在指导《州共同核心课程标准》与 21 世纪核心素养框架匹配起来。同时，相关机构在标准与评价、课程与教学等方面展开了系列研究，为学生、家长、社区、教育工作者和政策制定者提供了有效的工具和指南。

---

① 杨光富：《美国首部全国〈州共同核心课程标准〉解读》，载《课程·教材·教法》，2011(3)。
② 杨光富：《"竞争卓越"计划：推动美国新一轮中小学教育改革》，载《外国教育研究》，2010(6)。
③ 杨光富：《美国〈州共同核心课程标准〉实施新进展》，载《外国教育研究》，2015(1)。

二、美国课程评价的特色

（一）从国家和州层面加强对课程改革与评价的控制，努力在集权和分权之间找到平衡点

美国分权制的教育管理使得各个州之间的课程存在较大差异。1989年，全美仅 5 个州在州层面实施统一考试，对学生掌握知识的情况进行评价。为改变这一现状，提升国家整体的课程质量，美国从国家层面制定课程框架，通过协商，为各个州的课程框架编制提供依据，并为其设立最低标准，从而加速课程改革进程，提升课程质量。到 20 世纪末，各州都实行了统一考试。

NAEP 也被称为"国家成绩报告单"，是美国唯一长期且具有全国代表性的教育评价体系，在美国教育领域占据着重要地位。在创立之初，它只负责国家层面的评价工作。20 世纪 80 年代创立州测验，各个州自愿选择是否参加。从 2001 年起，NAEP 的州测验从自愿参与变成了强制性测验。[1]

2010 年，在颁布《州共同核心课程标准》的同时，《美国复苏与再投资法案》通过。美国还启动了"力争上游"计划，用于四个领域的改革：①采用国际水平的标准和评价，为学生升学和就业做好准备；②建立数据系统，测量学生的成就，指导校长和教师改进实践；③提高教师和校长的效率，实现分配的公平性；④改变表现最差的学校。通过设立"力争上游评价项目"（Race to the Top Assessment Program），美国推动了基于《州共同核心课程标准》评价体系的研制工作。2014 年，评价体系的研制工作基本完成，并在美国多个州进行了预试，以了解各州的准备状况，为后续全面实施进行预演与评估。[2]

美国在各个州建立与课程标准相一致的高水平的评价体系，旨在保证其所制定的课程标准能够实施，并对课程标准的实施效果进行有效监控。同时，为了实现对各个州课程质量的有效监测，美国强制要求各州

---

[1] 杨涛、李曙光、姜宇：《国际基础教育质量监测实践与经验》，33～39 页，北京，北京师范大学出版社，2015。

[2] 栾慧敏：《美国基于"共同核心标准"的新一代评价体系研究》，博士学位论文，东北师范大学，2017。

参与 NAEP，以实现国家层面对各个州课程实施状况的了解，监督各个州落实高质量的课程。美国的课程评价经历了从分散到集中的演变过程，并且在分权与集权之间不断寻找平衡点，以最大化实现课程质量的提升。

（二）课程评价在配套法律法规的保障下得以顺利推进

从美国的每一轮课程改革可以看到，改革虽然不一定是由国家层面发起的，但是都会有相应配套的法律法规出台，以保证本轮课程改革与课程评价顺利推行。例如，2001 年，《不让一个孩子掉队》法案要求所有接受《中小学教育法》"第一条"（Title I）资助的州必须承诺参加两年一次的，针对四年级、八年级学生数学和阅读科目的 NAEP 州测验。可见，有力的政策保障是推进课程改革、建立课程评价制度、提升教育质量的重要保障。

（三）各类课程评价研究结果受到充分重视，并被用于课程改革与评价，在提升课程质量中发挥了重要作用

美国借助不同层面的课程评价项目，从多角度对本国课程体系进行了反思。美国基于国际项目，探明本国课程与高水平国家在课程方面的差异；通过本国的课程评价项目，进一步探明国内各州课程之间的异同，充分借鉴高水平国家课程设计的优点，并将其运用到课程改革的实践之中。

美国通过与 TIMSS 高成就国家和地区课程模式的比较研究发现，这些国家和地区在课程设置上呈现出非常鲜明的特点：严密性、一定的年级跨度和连续性。而美国各州的数学课程呈现出来的是一个散乱的模式——每个年级涉及大量的知识，年级间知识点的重复性高，知识的安排缺乏逻辑性和严密性。① 同时，其他研究者在美国各州数学课程标准的

---

① William H. Schmidt，Hsing Chi Wang & Curtis C. McKnight，"Curriculum Coherence：An Examination of US Mathematics and Science Content Standards from An International Perspective"，*Journal of Curriculum Studies*，2005，37(5)，pp. 525-559；Gilbert A. Valverde & William H. Schmidt，"Greater expectations：Learning from Other Nations in the Quest for 'World-Class Standards' in US School Mathematics and Science"，*Journal of Curriculum Studies*，2000，32(5)，pp. 651-687.

比较研究中也发现了类似问题。① 美国的数学课程被形象地比喻为"一英里宽一英寸深"。上述研究结果以及相应的改进，最后都在《州共同核心课程标准》的配套教材出版指南中得以体现，即要求教材编写者按照严密性、聚焦性和连续性来进行知识体系的设计与编排。

与此同时，美国也开展了专项的课程评价研究。PROM/SE 是由美国国家科学基金资助的项目，目的是找到一个有效的新方法来提升所有学生的数学与科学成绩，帮助教师和学生适应各个州和联邦政府新的课程标准要求。该项目收集了学生、教师方面具有课程敏感性的大量信息，使其比其他评价项目能够提供更多有关课程、教学等方面的重要信息，研究更为深入与细致，为教师和教育管理者呈现出一幅更加完整、详细的教育内容图景。同时，PROM/SE（2009）的研究发现再次印证了TIMSS 中国际比较研究的结果。② 该项目对密歇根州、俄亥俄州和加利福尼亚州的数学目标课程的比较分析发现，即便在同一个州，具有相同的课程标准的前提下，不同学校的学生所能获得的课程知识的内容和机会也不均等，而在不同州之间，这种差异更加明显。

在最新的基于核心素养的课程改革中，为了更好地将 21 世纪核心素养整合到《州共同核心课程标准》中，21 世纪核心素养联盟致力于开发各个学科具体的素养指标体系。截至目前，21 世纪核心素养联盟已经发布了包括信息通信技术素养在内的 8 个学科的核心素养指标体系。这些指标体系将有力地指导教育工作者更好地将核心素养落实到日常的教育教学工作中。

大量的实证研究和各类课程评价项目的结果为美国的课程改革指明了方向，为其具体的改进与提升提供了科学的意见和建议，保证了美国的课程质量能够持续提升，培养出更多高水平的人才，进一步促进国家的发展与进步。

---

① Alison Castro Superfine, Catherine Randall Kelso & Susan Beal, "Examining the Process of Developing A Research-Based Mathematics Curriculum and Its Policy Implications", *Educational Policy*, 2010, 24(6), pp. 908-934.

② "Variation Across Districts in Intended Topic Coverage: Mathematics", www. promse. msu. edu _ documents/PROMSE-Intended％20Topics. pdf, 2018-06-02.

三、小结

(一)从国家层面进行统一设计，采用自上而下为主的改革方式，是建立高质量课程体系的重要方式

在高度分权的美国，即便各州有意识地不断提升本州的课程质量，但从国家层面来看，各个州的推进速度不同，所取得的成效迥异。为了全面推进和落实高质量的课程体系，在最新一轮的课程改革中，美国通过国家层面统一制定相应的纲领性指导文件，指导各个州推进各自的课程改革，对其设置了最低要求，从而达到了较好的效果。

通过回顾以往的课程改革历程可以发现，课程改革有多种模式：自上而下的，自下而上的，以及两者结合的。每种模式都有各自的优缺点，但是相比较而言，采用自上而下或者以自上而下为主的课程改革模式有助于课程体系的统一设计与规划，有助于课程改革的全面落实，是当前世界各国进行课程改革的主要方式。

(二)要实现高水平的课程标准，必须有相应的课程评价体制，以便对课程标准的实施进行有效监督

评价是课程四大基本要素之一，虽然不同的课程模型关注的课程要素不同，但评价是任何一个课程模型都无法回避的问题。随着课程越来越强调问责的作用，课程评价的重要性日益凸显：及时对课程改革的成效进行检验，发现课程中存在的各种问题，并进行相应的原因分析等。各国在进行课程改革的同时，对本国的课程评价也展开了相应的改革或调整。美国的每一轮课程改革都有相应的法律法规作为其政策保障。随着课程改革的不断推进，特别是进入"基于标准"的课程改革时期，课程评价得到了充分的重视，美国从国家层面要求各个州不仅制定出高质量的课程标准，对学生提出更高的要求，还要建立配套的课程评价体制，以保证这些标准能够落实。

(三)重视实证研究结果和国际成熟经验在课程改革中的应用与转换

美国充分利用国际、国家和州层面各类测评项目积累的数据，重视课程评价的研究结果与应用，将数据反映出来的问题作为改革的重要依据与方向。其课程改革是实证研究导向的，注重科学的研究结果，充分考虑各种课程评价结果所提供的信息。

第三节 英国国家课程评估

20 世纪 70 年代，由于过度坚持"以儿童为中心"，英国的学校教育走向极端。虽然生师比、生均经费均有明显改善，但教育经费的投入并没有带来更高的教育质量。而经济的迅速发展和教育全球化的趋势对英国教育提出了诸多新要求，致使当时英国社会各界对其教育的不满达到顶峰。

一、英国国家课程改革背景

20 世纪 70 年代，英国的教育只是致力于维持一个静止的标准，而不是努力提升标准。认识到高教育标准与经济发展之间的关联，认识到问责对于提升教育标准的重要性，英国于 1988 年颁布《教育改革法案》，通过立法的形式设立国家统一课程。《国家课程》分学科对各个科目进行说明。每一个学科由概述、学习计划和成就目标 3 个部分构成。概述主要说明该学科的价值与地位。学习计划是指为达到规定的成就目标所应教授的课程内容范围，包括知识、技能和过程等。英国将其义务教育划分为 5~7 岁、7~11 岁、11~14 岁和 14~16 岁 4 个关键阶段。学习计划也按照上述标准分为 4 个关键阶段，分别论述。成就目标则分为 10 个水平，这 10 个水平横跨整个义务教育阶段，对不同关键阶段末的学生所能达到的水平做出具体的要求。[1]

2000 年，英国开始实施新的《国家课程》(1999 年版)，必修课程从 10 门增加到 12 门，确立了 4 个跨学科学习的领域。2008 年推出 2007 年版《国家课程》，主要对第三关键阶段和第四关键阶段的各学科框架进行修订，根据当时的社会发展对原有的课程进行拆分。[2] 虽然《国家课程》方案不断修订，但进入 21 世纪以来，英国在各项国际测评项目中的排名不断下降，再加上国内教育的不均衡发展及现行课程中的不足等诸多问题，2011 年，英国开始了新一轮课程修订，由国家教育部领导，组织意见委员会和由高级教师、学者和商业界代表组成的专家组对《国家课程》进行

---

① 陈霞：《英国现行国家课程标准的特征及启示》，载《课程・教材・教法》，2003(6)。
② 赵茸婷、许明：《英国中小学国家课程改革的新动向》，载《外国中小学教育》，2014(6)。

审议和修订。2013 年 2 月颁布《英国国家课程：咨询框架》(The National Curriculum in England: Framework Document for Consultation)，向社会各界征求意见，9 月颁布了正式的课程框架文件，于 2014—2015 年分阶段实施。最新的课程框架文件更新了课程目标，对学生提出了更高的要求。2014 年版的《国家课程》共涉及 3 门核心基础课程(英语、数学和科学)、9 门其他基础学科和 2 门专题课程，旨在提供必备的基础知识，培养有教养的公民。[①]

二、英国国家课程评估

(一)国家课程评估的设立

1988 年颁布的《国家课程》有一个重要的部分，即与各个学科相对应的课程评价方案要求在每一个关键阶段末对学生进行测评。前三个关键阶段末的学生要参加国家课程评估(National Curriculum Assessment)，以判断是否达到了预设的阶段目标；第四关键阶段末，即义务教育结束之时，学生要参加普通初中毕业考试(General Certificate of Secondary Education，GCSE)。课程评估成为英国国家课程的一个重要组成部分，加强了国家对教育的控制，旨在有效提升教育质量。[②] 课程评估体制的建立，使学生的学业成绩获得了迅速增长，英国的课程质量得到有效提升。

英国之所以要建立全国统一的课程评估体制，主要出于以下几方面的需要。首先是问责的需要。20 世纪 70 年代，公众对教育的信任危机以及对教育经费的投入没有带来相应回报的质疑，迫使政府开始干预课程，加强对教育的外部控制，通过建立统一的评估制度，实现对学校和地方教育部门的问责。其次是提升教育质量、提高教育标准的需要。当时，英国在各类国际评价项目中的表现一般，而已有的评价体制无法满足英国对教育质量的全面了解与监控的需要，建立全国统一的课程评价体制能够满足国家对教育质量实时监控的需求，并最终实现教育质量的提升。最后是教育消费者的需求。在教育中引入市场竞争，建立由消费者主导的教育体制，促进学校间的竞争，促使学校不断提升，可以满足家长各

---

① "The National Curriculum in England, Framework Document", London, Department for Education，2014，p. 6.

② 邱美琴：《转型期英国教育改革的集权化趋向及其启示》，载《当代教育科学》，2007(5~6)。

方面的需求。建立统一的课程评价制度，能够为家长提供有关学校的准确信息。①

（二）国家课程评估体系的初步设计

国家课程评估的架构草案由布莱克（Paul Black）领导的评估与测评任务小组（Task Group on Assessment and Testing，TGAT）完成，旨在实现 5 个目标：形成性、总结性、评估性、信息性和专业发展性。形成性是最主要的目标，旨在为教师提供学生的具体学习信息，帮助教师更好地设计学生下一阶段的学习。总结性旨在提供学生整体的成绩信息。评估性旨在提供班级、学校层面的信息，对教师和学校进行评估。信息性旨在为父母提供其孩子以及孩子所在学校的信息。专业发展性旨在提升教师测评、监测的能力，使他们能够对自己的工作进行评估。

国家课程评估要求每年均对前 3 个关键阶段末的学生进行国家统一评价，公立学校的学生必须参加。它依据国家课程和学科成就标准考核学生的学业成就、学校的教学水平，诊断并发现问题。评价方式包括纸笔测试、标准评价任务（Standard Assessment Tasks，SATs）和教师评价 3 种。学生的评价结果以等级形式报告，并向社会公众发布。对其他年级的学生，则有非强制性的选择性测验供学校和教师自由选择使用，以帮助教师在这些学年评价学生的学习情况，其结果也可为教师的评价提供补充性证据。所有结果都不需要报告。

为了实现对前 3 个关键阶段末学生的评价，TGAT 采用标准参照的方式设计了一套由 10 个等级水平构成的评价标准体系。这个体系跨越整个义务教育阶段，每一个等级水平都有一套具体的标准，通过考查学生是否掌握或者表现出标准中所设定的要求来判断其是否达到某一水平。国家课程评估分别对处于 4 个关键阶段末的学生进行统一评价，在 4 个关键阶段末分别要求学生达到水平 2、水平 4、水平 5 至水平 6、水平 6 至水平 7。② 虽然采用统一的评价标准体系，但是英国针对 3 个关键阶段末的课程评估，根据学生的身心发展特点、课程的具体设计，采用了不同的评价理念和评价方法。

① 陈霞：《英国国家课程评价政策演进及启示》，载《全球教育展望》，2003(7)。
② 赵茸婷、许明：《英国中小学国家课程改革的新动向》，载《外国中小学教育》，2014(6)。

第一关键阶段末仅测试英语、数学和科学 3 门学科，但共涉及 9 个成就目标，100 多个具体的测试点（包括知识、技能、理解与过程等方面）。考虑到对课程内容的代表性并且要在全国进行统测，因此在设计阶段，英国共提出了 3 种方案：①全面考查每一个成就目标，抽测成就目标下的测试点；②抽测成就目标，全面测查成就目标下包含的测试点；③对所有成就目标下的每一测试点均进行测查。经过预试，发现 3 种方案的可实施性都较弱，后经调整，确定最终方案：将测试目标分为必选和可选两个部分，在可选部分把选择权下放给学校和教师。

第一关键阶段末的学生年龄仅为 7 岁左右，识字量少，且无法接受较长时间的测试，很难采用纸笔测试的方式进行。考虑到该年龄段儿童的身心特点，英国采用标准评价任务的形式进行课程评价：由教师负责开展测评，在班级中，对学生采用一对一或一对多的观察、问答等方式进行。以语言测试为例，教师从指定的 27 本书中挑选某一章节，对学生采用一对一问答的方式进行测试。具体的测查点事先已被设立在这些指定的书本中，教师可以将预先设计好的指导语作为参考，根据学生回答的情况做出是否达标的判断。

第二关键阶段的国家课程评估的形成与发展相对简单、平稳。该阶段的测试从 1994 年开始，采用限时的纸笔测试形式，对英语、数学和科学进行测查。其中，英语测试分别报告阅读与写作的结果。1998 年在数学中新加了心算的内容。

第三关键阶段的评估在最开始也打算使用和第一关键阶段末类似的标准评价任务的形式，但由于 1990 年英国教育大臣的更替，使得当时以 SATs 为主的方案被全盘否定并在短时间内重新设计，采用纸笔测试的形式。新的评价方案在很短的时间内提出，在每一个项目的设计上仍沿用 SATs 的设计思想，但为了与课程评价的等级水平相关联，又不得不设计一套计分系统，使得新方案陷入一个尴尬的困境。

（三）国家课程评估体系的改进

1994 年，迪林爵士接手工作，对国家课程评估体系进行了改革：通过对已有课程评估体系的回顾、分析，之前的 10 级评价标准体系调整为 9 个，由 8 个等级水平和 1 个优秀水平构成；对第四关键阶段末的评估进行改进，普通初中毕业考试不再与课程评估中的等级评价体系相关联；简化了 3 个关键阶段 3 门核心科目的测试，将课程评估的考试都改为外部阅卷；减轻教师在评价中繁重的记录工作；增加了增值评价的指标，不再公布 7 岁和 14 岁儿童的测试排名，仅公布 11 岁儿童的测试排名；使教师评价与国家课程考试具有同等的地位。同时，迪林爵士对《国家课程》进行了修订，对成就目标部分从结构上进行了调整，使成就目标的表述更具有嵌套的层级关系，以便能够和等级评价系统更好地对应与关联，帮助教师从整体出发，更好地评价学生，而不是分别评价，最后累加而成。迪林爵士的这次改革使英国国家课程评估体系比较平稳地运行了 12 年。

（四）国家课程评估体系的最新发展

从 2007 年起，对国家课程评估体系进行改革的呼声又日益高涨。2008 年，英国开始实行 2007 年版的《国家课程》，课程评估同时也做了调整。第一关键阶段末不再测试科学学科，第二关键阶段末的科学学科采用抽样测试的方式进行，并且完全取消了第三关键阶段末的国家课程评估测试。虽然做了上述改进，但英国仍面临着学生成绩下滑、教育机会不均等诸多问题，社会持续对学校提出了更高期望与要求。经过最新一轮的课程修订，从 2014 年起，英国开始分阶段实施最新的《国家课程》。

历时两年修订而成的新《国家课程》对现有的等级评价制度进行了改革，删除了用于报告个体成绩和进步的等级水平评价体系，采用"无水平"的方式对评估结果进行报告，只进行初级评估和问责。评价的权力更多地交由学校，国家协助学校开发更合理的评价体系。此项工作仍在进行之中。而第四关键阶段末的普通初中毕业考试将被英国学士资格证书考试（English Baccalaureate Certificate，EBacc）代替，从 2017 届毕业生开始启用。①

2015 年 9 月，英国政府发布《2016 年早期基础阶段评价和报告的指导意见》（2016 Early Years Foundation Stage Assessment and Reporting Arrangements）。该文件是在 2014 年英国推行新的《国家课程》一年后颁

① 赵耸婷、许明：《英国中小学国家课程改革的新动向》，载《外国中小学教育》，2014(6)。

布的，是针对 2016 年 9 月进入初等教育第一关键阶段学生的早期教育状况开展评价和报告的指导文件，由英国标准和评价机构与教育部共同制定。它一方面是继 2014 年英国新的《国家课程》发布后，从国家层面推动早期教育与初等教育衔接的举措；另一方面也体现了《国家课程》与课程标准之间的一致性不断增强。

三、英国国家课程评估的创新与困境

（一）特色与创新

1. 以立法的形式将课程评估纳入课程体系，以促进学生的发展为主旨，基于实证研究的结果，以国家为主导，致力于课程体系的不断改进与完善

首先，促进学生发展是英国课程改革长期而又稳定的主旨，早在 1988 年的《教育改革法案》中，英国就明确将其作为课程建设的根本目标。在国家课程建设的过程中，在该主旨的指导下，英国坚持核心课程与基础课程的架构，坚持国家对课程的评估，充分体现了课程政策的连续性与稳定性。

其次，英国的课程改革一直坚持以实证数据为依据，充分借鉴、参考学术界的研究结果和教育机构的测评结果。几乎每隔十年，英国就会对课程进行一次全面彻底的检查，根据这段时间积累起来的各类调查和评价结果，对课程进行相应修订，以便设置合理的学业成就目标。1988 年，英国以立法的形式将课程评估作为一个重要组成部分，纳入课程体系，使各个学科在义务教育的各个阶段都与课程评估有明确的对应关系，且课程评估能够为课程体系的实施提供更多的反馈信息。[①]

最后，每一次课程评估体系的调整与改革都由国家主导，采用自上而下的模式进行各类课程决策：根据前一轮的经验总结、实证研究和课程评估的结果对现有课程进行修订；持续进行评估与总结，为下一轮课程改革积累经验与教训；广泛征求国内各界人士的意见，同时邀请美国、芬兰等课程研究专家参与修订工作；充分考察国内外课程发展的特点与

---

① 罗生全：《英国国家课程的发展机制》，载《课程·教材·教法》，2013(12)。

趋势。①

2. 在课程评估中采用多种评价方式，充分发挥教师的作用，强调评价的形成性功能，同时兼顾问责的功能

英国国家课程评估采用教师评价、纸笔测试、标准评价任务等多种形式进行，具体根据义务教育各阶段学生的身心发展特点进行设计。其中，标准评价任务是其根据课程评估的需求所设计出的一种新颖的评价方式，把评价机会导入到了教学过程中。教师主导的标准评价任务能够为教师的教学提供大量反馈信息，提升教师的评价能力，充分发挥评价的形成性与诊断性功能。

英国国家课程评估重视教师在评估中的地位，在最初阶段的设计中，教师评价和标准任务评价两种方式都是由教师主导的，即便是统一的纸笔测试，最初的设计也是希望让教师自行阅卷。因为通过阅卷，教师能获得大量关于课程教学的反馈信息，后因教师在课程评估中需要完成的工作量过大而将纸笔测试改为外部阅卷的方式。

正是课程评估中多种评价方式的运用，使得评价结果能够满足形成性、总结性、评估性、信息性和专业发展性等多个目标。例如，为了更好地评估学校，从形成性评价的角度出发，英国提出了"增值"评价的思想。学校效能的增值评价关注学校的起点与发展过程，通过对各个学校在自身基础上的"增值"进行评价，关注的是学校发展过程中的进步，能够实现对学校更为公平的评估。② 以增值的成绩对学校进行排名并向社会公布，则同时实现了形成性、总结性和信息性等多个目标。

3. 在课程评估中建立起跨年级的等级评价制度，鼓励个体进步

英国国家课程评估体系采用强调个体进步的等级水平目标，每一关键阶段末的学生都预设了应达到的等级范围，而不是一个固定的标准。强调每个学生按照自己的速度进步，而不是与班内其他同学相关联，是一种发展性而非竞争性的评价体系，旨在鼓励个体进步，鼓励教师根据

① 黄志生、冯加渔：《稳中求变：英国新一轮国家课程改革述评》，载《当代教育科学》，2014(1)。

② 边玉芳、王烨晖：《增值评价：学校办学质量评估的一种有效途径》，载《教育学报》，2013(1)。

学生的个体情况，提供适合不同学生的教学方法。

(二)问题与不足

1. 国家课程评估体系承载的目标过多，服务对象繁多，导致课程评估体系作用分散，每一个目标都无法有效实现

虽然英国的国家课程评估体系采用了多种评价方式以实现多个评价目标，但多个目标很难在一个评价中同时实现，例如，评价的形成性功能与总结性功能。当评价同时具有这两种作用的时候，往往总结性功能会被放大和凸显，而形成性功能受到影响。例如，根据课程评估的结果对学校进行排名，并向社会公布这一做法凸显了问责的作用。而学校和教师为了让自己的排名更靠前，将更多的时间和精力投入到测试的科目上，窄化了课程，向着"应试教育"的方向发展，无形中增加了学生的压力，过低的成绩反过来又挫伤了学生的学习积极性，应试学习降低了学生的学习兴趣。课程评估的形成性目标，即在过程中不断改进的作用被学校和教师忽视。

2. 国家课程评估过度关注核心课程，等级评价标准有待明确，课程设计与课程评估之间的结合有待加强

英国国家课程将不同学科分为核心学科和基础学科，而随着课程评估的不断简化，最终各个关键阶段末的课程评估，特别是纸笔测试形式的课程评估，仅针对英语、数学和科学，加上课程评估的问责目的突出，导致核心课程被过度强调而忽略了其他基础课程，引发了学科之间的竞争，由此导致每个学科都希望自己能够得到更多的关注，以提升本学科在整个课程体系中的地位。例如，科学学科把"地理科学"从地理中抽取出来纳入自己的学科领域。

课程评估中的等级评价体系具有创新性，但体系本身仍然有诸多不完善之处。首先，在这个评估量尺中，每一等级都有 1～10 句话来定义本等级的学生应当达到的成就，而每一个学科又有许多成就目标，因此，落实到具体学科的时候，每一门学科都有大量的陈述性目标。而学科目标与等级水平目标分别由不同的专家组来制定，这些目标主要是其经验判断而不是实证研究的结果，因此，等级确立的科学性和准确性受到怀疑。其次，在使用过程中，课程评估所设立的标准过于宽泛，操作性不

强，教师需要相应的辅助材料来评价。此外，不同学科在结构和假设上存在差异，这时均按照 9 个等级水平进行划分就显得有点牵强。而且，既然采用统一的等级进行评价，那么就存在等级评价的结果在不同学科之间是否具有可比性的问题。

英国国家课程在学习计划部分对所应教授的知识做了过于详细的规定，限制了教师的发挥，并使课程评估在设计中面临诸多困难。课程评估在设计的时候既要全面测查相应的知识内容，又必须按照成就目标中的具体要求进行。课程计划中过于臃肿的设计为课程评估带来了诸多问题。

3. 课程评估中相关技术方面的问题引发了公众对评估结果客观性、科学性的怀疑

从评估体系设计、工具编制到评估实施，各个环节都有大量的措施用于确保课程评估的信度和效度。在设计阶段，设计者在效度、信度和可操作性上予以了充分的重视。但是 1996 年的危机导致三者之间的平衡被破坏，可操作性受到了更多的重视，公布学校排名使得信度受到了充分的重视，而效度相对被忽视了。在效度方面，首先，过多的评估目标使评估的效度很难得到保证。特别是在过度强调问责作用的时候，大量评估结果被过分简单地解读，从而影响了评估的效度。其次，在学科测试中，大部分测试仅测查了学科部分内容，并未全面测查。例如，第二关键阶段末对英语学科的测试，仅测查了阅读和写作。在信度方面，虽然课程评估非常强调教师的主体地位，但教师评价都是基于主观判断进行的，因此，教师评价的信度也受到了质疑。

4. 政策驱动的课程评估忽视了评估流程的科学性和标准化

英国的国家课程评估是一项政策驱动的工作。1988 年之前，国家层面并没有类似的对义务教育阶段进行全面评估的经验。因此，当《教育改革法案》规定了国家课程需要一套相应的评估体系时，并没有现成的经验和模型可供借鉴。这样一个课程评估体系的建立，涉及政策、教育、技术等诸多领域，需要各类机构协调合作，需要充分的时间预试与调整。但由于整体推进过快，许多设计在实施中出现了大量问题。

例如，1993 年在第三关键阶段末测试的英语学科中，由于没有提前

进行大规模预试，遇到了来自中学英语教师们的巨大阻力并且双方对簿公堂，导致英语测试最终无法实施。又如，标准评价任务充分体现了形成性评价的理念，可以帮助教师诊断学生的需求与困难，但在实际测试中，由于涉及3门学科（数学、英语和科学），基于对9个成就目标的抽样测试，以个别施测为主的形式使带大班额的教师要完成数千次评估与记录，工作强度过大，影响了正常的教学。第一次测试就招来了全国教师的一片抱怨。由于标准评价任务的可实施性和有效性不足，使该阶段后续的测试又退回到纸笔测试状态。① 再如，因为教师工作负担过大，1994年又将所有纸笔测试的阅卷工作改为外部阅卷，课程评估设计的初衷——希望教师能够自行批阅自己学生的试卷，并从中获取有益的反馈——被抛弃了。

四、小结

英国国家课程评估体系从无到有，涉及3个年龄段，共计180万名学生、25000所学校和多门测试学科，在设计与建立国家课程评估体系的过程中面临着大量问题。从评估体系的设计初衷来看，其建立是比较成功的，因为它既实现了问责的要求又满足了教师专业发展和系统诊断的需求，但同时也受到了大量批评与指责。随着时间的推移、经验的不断总结以及各方面的不断改善，英国的国家课程评估体系向着不断完善的方向前进。对英国国家课程评估体系的出现与发展的回顾，可为我国开展相关工作提供经验与借鉴。

从政策的角度来看，英国课程评估体系的设立是有必要而且非常成功的。因为通过国家课程评估体系的设立，英国政府基本实现了其设立的初衷——对学校进行问责、加强中央对课程的控制及提升教育成就标准。虽然从设计到实施的各个环节，课程评估遇到了各种问题和阻碍，但是在国家政策的支持下，通过不断改进与调整，评估体系得到了完善。由此可见，稳定的政策支持能够为课程评估的平稳开展提供坚实的基础。

从教育的角度来看，英国国家课程评估由于过度强调核心学科的测查，强调问责的作用，使教学向着"应试"的角度发展，反而窄化了学生

① Chris Whetton，"A Brief History of A Testing Time: National Curriculum Assessment in England 1989-2008"，*Educational Research*，2009，51(2)，pp.137-159.

可能学到的课程。但不可否认的是，课程评估为课程体系的运作提供了大量有益的信息，为教师教学和家长了解学校、了解孩子的学习以及提升英国教育质量做出了重要贡献。

从测评的角度来看，最初的评价设计方案充分考虑到了多重评价目的，采用多种评价手段，重视教师在评价中的主体地位，强调评价的形成性和诊断性功能。但是从测评的实施角度来看，由于过分强调按照政策设计的"时间表"推进工作，未给测评留下充足的预试与调整时间，使诸多有良好设计初衷的评价方式因为被误解而终止。

从社会公众的角度来看，虽然英国从 1988 年的改革开始便设立了国家课程评估，但由于缺乏对测评过程包括测验编制、标准设定等环节的专业知识的了解，社会公众仍对课程评估存在诸多误解。例如，TGAT 设计的是 11 岁儿童的平均水平能够达到水平 4，但是被误解为所有学生均要达到水平 4。又如，有媒体指责国家课程评估故意设置低标准，以显示政府能够顺利达到目标。可见，向社会公众进行相应宣传与说明、发布与解读课程评价结果，是一项重要的工作，否则会给评价本身带来诸多麻烦。

从国际视野来看，英国的国家课程评估在持续进行调整与修订，虽然也邀请了美国、芬兰等国家的研究者给予相关建议，但是相较而言，其调整与修订主要是通过国内的自我调查与反思进行的。虽然 PISA 是英国进行国际比较的一个重要基准，但它在吸取国际相关研究结果方面仍有待提升。

第四节 澳大利亚的学业质量评估

20 世纪 70 年代开始，澳大利亚的教育公平问题及教育质量的下降，使得社会大众对教育开始产生不满。面对这样的情形，澳大利亚通过一系列国内外学业相关方面的调查，如第一届国际数学研究（FIMS）、读写和计算能力国家评估（Literacy and Numeracy National Assessment，LANNA）、澳大利亚学生学业表现研究（Australian Studies in Student Performance，ASSP)等项目，来了解本国的教育现状，并从 80 年代开始着手本国的教育改革，旨在改变现状，提升本国的教育质量。

一、澳大利亚的课程改革

面对科技与经济的迅猛发展以及经济全球化的进程，从 20 世纪 80 年代开始，澳大利亚启动了有史以来规模最大的课程改革，开始尝试建立覆盖所有教育阶段的课程体系。1989 年，《霍巴特学校教育宣言》（Hobart Declaration on Schooling，以下简称《霍巴特宣言》）发布，规定澳大利亚各州须共同遵守十大学校教育目标，旨在缩小学生差异，提高教育质量。同时，澳大利亚开始构建全国统一的课程、评价和报告框架。[①] 1993 年，澳大利亚制定了包括英语、外语、数学、科学、社会与环境常识、艺术、健康与体育、工艺在内的 8 个学习领域的课程标准框架，并在全国范围内统一实施。为了进一步提升学生的语言与数学能力，1997 年，澳大利亚制定了语文与数学标准，要求全国都按照此框架进行教学。

1999 年，《阿德莱德宣言：21 世纪学校教育的国家目标》（Adelaide Declaration on National Goals for Schooling in the 21st Century，以下简称《阿德莱德宣言》）发布。该宣言把提升学业标准、国家课程建设和教育公平作为国家教育的三大发展战略，确立了澳大利亚教育变革的方向——公平与卓越。但国家评估项目（National Assessment Program，NAP）监测发现，澳大利亚的教育体系仍存在大量问题，迫切需要改进。[②]

2008 年，《墨尔本宣言：澳大利亚青年人之教育目标》（Melbourne Declaration on Educational Goals for Young Australians，以下简称《墨尔本宣言》）发布。它从长远规划出发，为澳大利亚未来教育的发展提供了战略性的思路和发展方向，开启了澳大利亚新一轮课程改革。其总体目标是促进教育的公平与卓越，培养青少年成为成功的学习者、自信且富有创造力的个体和主动、明智的公民。2010 年颁布的《全国青少年战略 2009—2014 年》（The National Youth Strategy 2009-2014）则对该战略目标进行了细化。

---

① 何珊云：《基于标准的学生学业成就评价：澳大利亚的经验》，载《全球教育展望》，2008(4)；段晓明：《基于未来的变革图景——澳大利亚〈墨尔本宣言〉的解读》，载《外国中小学教育》，2011(3)。

② 刘晶晶：《澳大利亚基础教育国家学业质量标准述评》，载《教育科学》，2014(6)。

根据《墨尔本宣言》的要求，澳大利亚成立了国家课程委员会（National Curriculum Board）和澳大利亚课程公司（The Curriculum Corporation of Australia），负责开发全国从幼儿园到高中的课程，随后，又成立了澳大利亚课程评估与报告局（Australian Curriculum Assessment and Reporting Authority，ACARA）。根据该宣言"创立世界级课程与评估"的要求，国家读写与计算能力评估项目（National Assessment Program-Literacy and Numeracy，NAPLAN）开始实施，并发布《国家学校教育年度报告》（Annual National Report on Schooling），向公众提供真实、全面的澳大利亚学校教育表现图景。可见，《墨尔本宣言》开始将《阿德莱德宣言》所确立的改革方向落到实处，体现了澳大利亚力图建立世界一流教育体系的决心。[1]

二、澳大利亚国家课程标准

（一）国家课程标准的设计思路

澳大利亚从幼儿园到高中这一基础教育阶段的课程设计是围绕《墨尔本宣言》中提出的学生的总体培养目标进行的。国家希望通过课程的学习，使本国学生都能够达到目标。基于这个总体培养目标，澳大利亚概括了公民必须具有的包括读写、计算、信息和通用技术、批判性和创造性、思维、道德行为、个人和社会能力及跨文化理解在内的 7 项通用能力（general capability）以及三大跨学科主题（cross-curriculum priorities）。

所有学科需要将总体培养目标所确定的 7 项通用能力充分融入本学科之中。学科性质不同，整合程度也不同，有的课程能将 7 项通用能力都进行整合，有的只能部分整合。以跨文化理解能力为例，英语课程要求学生使用跨文化理解和创造的一系列文本，即呈现多元的文化视角和对各种文化背景人物的认同；科学课程则指明科学中有很多机会来发展跨文化理解能力，尤其是在科学作为人类活动的内容线索中和科学在多样的文化背景的应用中。[2] 除此之外，各学科均有专门的部分用于阐述本学科如何体现三大跨学科主题，以及本学科与其他学科之间的关系。

---

[1] 段晓明：《基于未来的变革图景——澳大利亚〈墨尔本宣言〉的解读》，载《外国中小学教育》，2011(3)。

[2] 刘晶晶：《澳大利亚基础教育国家学业质量标准述评》，载《教育科学》，2014(6)。

（二）国家课程标准的解构

澳大利亚所有的国家课程标准均可以在国家课程官网上查到，人们可以看到澳大利亚的国家课程标准结构清晰、思路明确。以数学为例，国家课程标准分为概述和学业质量标准两个部分。概述部分包括：基本理念，课程目标，内容结构，学段划分，成就标准，学生多样性，通用能力，跨课程主题，与其他学科的关系，对教学、评估与报告的启示，术语，教学范围与顺序等。这从宏观层面对澳大利亚的数学学科进行了解读。学业质量标准部分包括年级的水平描述、内容描述和成就标准 3项，按年级对数学学科进行了详细的规定与说明，是概述部分"内容结构"和"成就标准"的具体化。其中，成就标准明确给出了本年级学生所应达到的水平，包括应掌握的知识和应培养的能力。同时，它还附上了"合格""合格水平以上""合格水平以下"的学生具体表现的样例。

三、澳大利亚的课程评价体系

早在 20 世纪六七十年代，澳大利亚便开始参与以测查课程为主要目标的国际测评项目，之后持续参与 TIMSS 和 PISA 项目。1975 年，受政府委托，澳大利亚教育研究委员会（Australia Council for Education Research，ACER）开展了"读写和计算能力国家评估"，对 13000 余名 10～14 岁的学生进行阅读、写作和计算能力的测试，以了解其对基本技能的掌握状况。1979 年，澳大利亚教育部开展了"澳大利亚学生学业表现研究"，进一步研究澳大利亚学生学业的现状，监测其学业发展。《霍巴特宣言》发布之后，澳大利亚持续致力于以课程改革为核心的教育改革；《阿德莱德宣言》进一步明确了学校教育的目标，逐步形成了一整套涉及国际、国家、地区和学校四个层面的评价体系，确保从多个视角全方位地了解本国的教育与课程质量。该宣言特别明确了要建立全国统一的课程框架的目标，为课程评价体系的构建提供了依据，之后进一步加强了国家层面的统一测评，并且继续参加 TIMSS 和 PISA 项目。

为了实现 1997 年由国家提出的新教育目标，澳大利亚各州签署了《全国读写与计算计划》（National Literacy and Numeracy Plan，NLNP）：在全国范围内开发三年级、五年级、七年级的读写与计算标准，对所有学生进行评价，向社会发布评价报告——《澳大利亚全国学校教育报告》，并在州层面进行比较。

为了持续监测基础教育质量，1999 年，澳大利亚决定开展国家评估项目，旨在监测学生教育目标的实现情况。该项目由澳大利亚教育、就业、培训和青少年事务委员会（Ministerial Council on Education, Employment, Training and Youth Affairs, MCEETYA）管理，取代了澳大利亚许多州的类似测试，其测查结果为衡量学生的能力提供了一个重要标准。从 2008 年开始，针对三年级、五年级、七年级、九年级学生，全国统一实施国家读写与计算能力评估项目，每年测试一次。科学、公民和信息技术 3 门学科针对六年级和十年级学生采用全国抽样测查，每三年测试一次。

从 2016 年开始，国家读写与计算能力评估项目将线下的纸笔测试转为线上评价，因为线上评价中的计算机多阶段自适应测验能够使评价者在评价过程中了解学生的答题风格，最终通过更精确的评价来获取学生的学业发展质量信息。

四、澳大利亚国家课程评价特色

（一）学业标准是国家课程的必要组成部分，与年级紧密结合，并给出了各水平的具体样例，为课程评价和教师评价提供指导，具有很强的可操作性

从 20 世纪 90 年代开始，在充分借鉴英美等国家先进的课程理念、吸取国际评价项目相关评价思想的基础上，澳大利亚从今后所需人才的角度出发，确定总体教育目标，根据总体教育目标勾勒出相应所需培养的跨课程的通用能力。同时，澳大利亚的课程从分权向集权化发展，由国家统一制定课程标准，每一学科课程都需要有意识地培养学生的多种通用能力。其所制定的国家课程标准中，除了有翔实的内容标准外，还有对应的学业质量标准。

澳大利亚的学业质量标准与其年级紧密结合，每个年级都有对应的标准，从知识、能力等角度规定大部分学生在本年级末应达到的具体目标。同年级的学业质量标准与内容标准及年级水平的描述相互呼应，并提供了"合格""合格水平以上"和"合格水平以下"的具体样例。样例的形式多样，为后续课程评价、教师对学生开展评价提供了明确的范式。

(二)基于统一的课程框架与学业质量标准，构建起集国际、国家、地区和学校四个层级为一体的学生成就评价体系，实现课程的全方位监测

虽然课程由国家统一制定，但是澳大利亚的学生评价体系层次分明，职责清晰。参与国际评估项目能够帮助澳大利亚更好地了解本国在国际上的具体位置，从国际视野反思和审视本国的教育体制、课程设置、课程质量等问题。在国家层面，每年对核心学科数学和读写进行全国统测，旨在保证国家基准的实现，对其他非核心科目则每三年抽测一次，实现对课程质量的监控。在州层面，各州负责本州初中和高中的资格考试，并对数学和读写进行抽测，以保证本州的教育水平能够与国家基准要求保持一致。上述测评结果能够向学校报告学生的整体表现，实现学校层面的有效测评。

根据多个教育法律设计的多层级测评系统，能够满足不同对象的需求，其测评结果既能用于国家层面各类相关政策的制定与教育决策，为课程、教育教学的改进提供建议；又能够满足州层面的各类教育评估需求；还能够为学校提供反馈，帮助学校改进，向家长反馈学生与国家设定的基准之间的差距，发现学生学习的优势与不足，向社会公布测评结果，让其了解本国教育质量的现状。

五、小结

澳大利亚是当前国际课程设计与评估的又一重要代表，体现了当前课程设计与评估发展的一个重要方向。

(一)学业质量标准的制定模式

澳大利亚充分借鉴国际经验，从培养未来社会所需人才的角度出发，制定总体教育目标，围绕这个总体教育目标制定出所需培养的通用能力，然后把这些跨学科的能力具体融合到各门学科课程之中。各学科的课程标准对每个年级的水平、内容标准、表现标准都有具体的论述，除此之外，还会指明本学科如何培养学生的通用能力、本学科与其他学科之间的关系。可见，澳大利亚在制定课程标准的过程中，是从人的综合发展角度出发的，强调人的综合素养，重视学科之间的联系，同时强调学科内部的一致性与连贯性。

但是也可以发现，澳大利亚的这种课程设计理念仍在不断的探索与完善之中。比如，学业质量标准部分的论述主要停留于描述，缺乏相应的可操作的指标，某些方面甚至是对年级水平描述的重复。虽然提供了评价的样例，但是样例未能与其最初的设计相对应。根据澳大利亚课程评估与报告局的设计，每个年级的评价都应分为 5 个等级，但目前课程标准仅提供了"合格""合格水平以上"和"合格水平以下"3 类样例，并且所给出的样例附带的具体说明非常少，仍存在较大的局限性。

（二）学业评价框架与反馈机制

澳大利亚的学业评价体系集监测、诊断、比较、问责和认证等多种功能于一体，却没有出现英国国家课程评估中因为评价目的过多带来的问题。其关键在于澳大利亚构建的学业评价体系并不完全是由国家统一主导的，不同层面的评价由不同的主体负责开展，所要发挥的功能与作用不同，各个评价主体权责明确，目的明确，分工清晰，所以能够充分发挥评价的多种功能与作用。与此同时，澳大利亚还建立了完善的反馈机制，面对不同的反馈对象，有侧重地反馈评价结果，旨在不断改进与提升，实现持续发展。

第三章　课程评价方法

　　课程既有量化的本质，又有标准、价值和目标的阐述，无论是质性方法还是量化方法，单一取向的方法都无法客观地对课程进行全面分析与评价。量化方法使用一系列统计分析方法对课程的过程、结果及其内部关系进行分析，用明确、客观的指标反映课程的状况，但它无法形成一个完整的课程理论体系，不能进行哲学思辨、价值判断、意义阐述等。若无法从本质上对科学主义取向的量化结果进行透彻、细致的思考，那么这些结果将仅仅是一堆毫无意义的数字，无法进一步发挥各种功能。而如果仅从人文主义的视角出发，不同流派的研究者从不同的视角进行思辨，那么研究者相互之间就很难达成一致意见，无法对课程形成统一的认识，研究者相互之间也无法对话。

　　本章分别从质性与量化两个角度介绍课程评价中所使用的各类方法。虽然分别进行介绍，但质性方法与量化方法之间关系紧密。例如，德尔斐法是在专家意见的基础上发展而来的，从形式上看规避了专家面对面可能带来的各种问题，并且在完全质性的专家意见的基础上加入了相应的量化分析环节，使质性的专家意见能够以客观量化的指标体现，因此，德尔斐法集质性方法与量化方法的特点于一身。

　　又如观察法，本书把观察法列为质性方法，但是很多研究者认为观察法也有量化方法的属性。在质性与量化的争论中，观察法经常被作为一个有争议的问题而提出来。黄政杰认为，质性的观察法主要是指实地观察，要求观察者进入研究的情境之中，没有事先设计的观察表。而量化的观察法则是指非干预的观察，根据事先设计好的观察表进行观察记录。[1] 观察法既有质性方法的属性，又有量化方法的特点。质性观察与量化观察的区分和观察法所采用的具体形式有一定联系，区分两者的关键在于观察过程中数据的记录方式。如果采用的是叙述性记录，那么这样的观察法就是质性的。叙述性记录包括书面文字、影音、图像等形式。如果数据的记录只针对特定的行为或事件进行，采用定量的方式，使用量表进行记录，那么这样的观察法便是定量的。定量观察的数据记录可以在四种不同的测量水平（称名、顺序、等距和等比）上进行。可以由观察者直接记录，也可以借助相关设备或者被观察者的自我报告来完成。

在课程评价中，同一个评价目的也需要质性方法与量化方法的结合使用。以对课程效果的评价为例，课程效果主要通过对学生的评价体现，既可以用质性的档案袋法，又可以用量化的学业成就测试。两种方法各有优劣，单一使用任何一种方法都有不足。学业成就测试仅从结果对课程效果进行评价，单次测查的结果很难全面反映实际效果，且学业成就测试主要测查的是学生对课程知识的掌握与否，较难测查到学生通过课程所获得的技能、情感、态度和价值观。档案袋法能够随着课程的推进，实时收集学生的各类相关材料，既能记录知识的掌握状况，又能记录学生在课程学习过程中所习得的情感、态度和价值观，同时还能收集学生的各类成果。但是档案袋法实施时间比较长，无法在较短时间内获得大样本的信息，后期分析与评价相对复杂。为了获得更准确、全面的评价结果，两种方法的结合比单一方法更有优势。

当前实用主义取向越来越弱化质性与量化方法的区分，两大方法之间的融合日益显著。兼具两种取向的混合式课程研究为目前大多数研究者所支持，即利用科学主义取向的方法对课程进行量化，利用人文主义取向的方法对课程进行意义的解释。课程评价是在课程测量的基础上所进行的价值判断，是定性研究与定量研究的有机融合。在选择课程评价的方法时，无须过多强调所选择或者使用的方法是质性的还是量化的，而要更多从评价目标、评价对象的特点来确定。

---

[1] 黄政杰：《课程评鉴》，292～296 页，台北，师大书苑有限公司，1987。

第一节 质性方法

一、专家意见法

专家意见法是最常见的方法，在课程设计、实施或评价等各个阶段都有很强的适用性。因为专家在某一个领域有专门的研究，是该领域的代表性人物，能够迅速把握核心问题，确定重要的因素和方面，容易挖掘出深层次的和本质的东西，发现不足和错误，具有较高的权威性、较强的说服力。与其他方法相比，专家意见法所耗费的成本相对较低，能够在较短的时间内获取大量有价值的信息。在课程评价中，专家意见法是指邀请专家，运用其丰富的知识和专长，对课程进行分析与判断，将其意见提供给课程评价的组织实施方，为其评价工作的开展提供帮助，并指出未来发展的方向。有研究者概括了专家在课程评价中能够发挥的五种不同的作用：提供、选择、批评、引导和支持。[①]

专家意见法在各类课程评价研究中的运用都非常广泛。例如，在国际比较研究中，为了对不同国家的课程目的进行比较分析，探寻课程目的与知识内容覆盖面及学生习得课程之间的关系，SIMS 采用征求专家意见的方法来收集各参与国和地区的课程目的。[②] 具体的过程是：让参与国和地区的学科专家依据各自的课程标准与教材，判断 SIMS 的学生测试卷中每一道测试题与其课程的符合程度。如果不符合，则删除这道题，以此保证测试对各参与国和地区学生的公平性。

获得专家意见的具体方式多种多样：可以用召开会议的方式，把各个相关领域的专家集合到一起进行研讨；可以用文字材料送审的方式，请专家反馈书面的评价信息、意见和建议；也可以采用访谈的方式，逐个向专家征求意见等。各种方式都有自己的优势和不足。以会议方式进行研讨，可以在短时间内获取大量的专家意见，效率高。但受各种因素

---

① 黄政杰：《课程评鉴》，287 页，台北，师大书苑有限公司，1987。

② William H. Schmidt，Senta A. Raizen，Edward D. Britton，Leonard Bianchi & Richard G. Wolfe，*Many Visions*，*Many Aims*：*A Cross-National Investigation of Curricular Intentions in School Mathematics*，Boston，Kluwer Academic Publisher，1997，p. 5.

的影响，无法保证每个专家的意见都能够得到充分表达。以书面送审的方式进行，可以避免专家之间相互影响，但如果没有详细的文字说明，专家的意见可能缺乏针对性，且有时难以控制进程。采用访谈的方式，能够避免专家之间相互影响，控制时间进程，但一对一的方式效率较低，且需要专家事先对相关内容有一定的了解，同时访谈者需要做大量的准备工作，以保证获取有效的专家意见。

专家意见法的问题在于，该方法是专家主观判断的过程，不同的专家持不同的判断标准，即便事先设定了明确的判断标准，也很难保证不同的专家之间采用完全一致的判断标准进行评价。

二、文本分析法

文本分析法又称"课程材料分析法"，有研究者直接称其为"课程分析法"。文本分析法就是直接对静态的课程对象——各类文本材料进行分析的方法。课程体系中，文本材料非常多。宏观层面的各类政策文件、课程标准、教学大纲等，实施层面的教材、教师的教案、课件及教学辅助材料，学生层面的各种学习辅导资料和作业等，都是文本分析的重要对象。文本分析法在课程评价中具有重要地位与作用，因为课程体系中的很大一部分信息都来源于这些材料。文本分析法能够帮助研究者了解课程现状，追踪课程的发展变化趋势，比较不同阶段课程体系的特点，获得形成性或总结性的评价结果。

课程的文本材料很多，不同的材料特点不同，所能开展的评价研究也不尽相同。如教案，教师每教一节课，便会有一份完整的教案及相应的课件，随着时间的推移，数量会逐步增多，很难收集齐全，因此其适合于个案分析或就某个内容进行专题分析。

课程标准和教材是课程评价研究中文本分析的最主要对象，被分析的频率最高。一方面，两者具有相对的稳定性和收集的便利性；另一方面，课程标准是官方文件，代表着课程制定者的意图、观点和目标，而教材能够提供课程实施过程中其他参与者的观点和目标等信息。

TIMSS 在 1995 年对其参与国和地区的课程标准和教材进行了系统的文本分析，旨在国际层面进行比较研究，这是迄今为止在国际层面开展的最有影响力的课程评价研究。首先，TIMSS 邀请课程专家系统分析数学和科学两门学科的知识体系，分别建立了两个学科各自的多层级知识体系框架。其次，TIMSS设计了一套适用于课程标准和教材的文本分析流程，对各参与国和地区的课程专家进行培训。培训之后，各参与国和地区专家按照统一的文本分析流程对本国或本地区的课程标准和教材进行分析、编码和记录。在专家完成之后，TIMSS统一对所有参与国和地区的分析数据进行管理和分析，并最终呈现分析结果与报告。同时，TIMSS会将所有参与国和地区分析的课程标准和教材存档，并从中抽样，将抽样的课程标准和教材翻译成英文，请TIMSS核心小组的专家进行文本分析，与由该参与国或地区专家完成的分析结果进行对照，以保证研究的效度。

虽然不同研究者在进行文本分析时流程有所不同，但基本都包括确立分析目的与范围、建立分析框架与标准、确定文本分析流程、分析与报告结果等步骤。文本分析的质量高低主要取决于分析框架的建立是否科学合理、分析流程是否标准。由于文本分析的整个过程都是由具有主观能动性的人来完成的，因此，该方法的最大问题在于人的主观判断标准对分析结果的影响。但如果有合理明确的分析框架、有标准化的分析流程及相应的过程性质量监控，那么文本分析也能获得客观的数据。

三、主题追踪法

主题追踪法（topic tracing method）由TIMSS提出，在综合专家意见的基础上形成一幅比较完整的跨年级知识内容覆盖面的"地图"，为了解、比较不同年级的课程内容覆盖面提供了可能。通过这张"地图"，评价者能够直观地获得目标课程内容覆盖面随年级变化而表现出来的差异性和流动性，直观地体现出课程的连续性和顺序性①，但该方法也有不足。

首先，数据的获得依赖于专家意见，具有一定的主观性，不过TIMSS的研究表明，依据专家意见获得的结果具有良好的信度和效度。此外，主题追踪法需要的信息也可以通过文本分析的方法获得。

其次，该技术只能在课程的内容维度进行分析，无法在能力和情感、

① William H. Schmidt，Senta A. Raizen，Edward D. Britton，Leonard Bianchi & Richard G. Wolfe，*Many Visions，Many Aims：A Cross-National Investigation of Curricular Intentions in School Mathematics*，Boston，Kluwer Academic Publisher，1997，pp. 42-43.

态度、价值观这些维度上实现。① 以方程和等式知识点为例，由于各参与国和地区每个年级对应的学生年龄不同，因此，为了方便比较，TIMSS统一按照年龄进行划分。TIMSS要求各参与国和地区的课程专家依据本国或本地区课程标准回答以下三个问题：①在什么年龄/年级，你们国家或地区要求进行方程和等式知识点的教学？②这个知识点在哪些年龄/年级段教学？③这个知识点在什么年龄/年级重点教学？

具体以图3-1为例，可以看到四个国家对于某个知识点的具体设计各不相同。A国仅在学生15岁时教学；B国则从6岁时就开始教学，持续到15岁，但仅在13～15岁时将该知识点作为重点学习内容。C国学生8岁时开始学习这个知识点，到15岁一直都在学习，但仅在10岁、13～15岁将该知识点作为重点学习内容；D国的10～15岁学生均在学习这个知识点，这个知识点在每一年都是他们重点学习的内容。通过进一步分析发现，即便在15岁时，四个国家的学生都在学习这个知识点，但他们具体学习的内容、知识点的难度和知识面的广度是完全不一样的。这些国家的教材在该知识点上的设计也是不同的，而主题追踪法无法提供这些信息，因此，需要结合其他方法所获得的结果才能综合对课程进行评价。

	年龄/岁									
	6	7	8	9	10	11	12	13	14	15
A										+
B	-	-	-	-	-	-	-	+	+	+
C			-	-	+	-	-	+	+	+
D					+	+	+	+	+	+

注："+"表示重点学习的内容；"-"表示教学的内容。

图3-1　主题追踪法示例

四、教材图示化

教材图示化(schematic representation of textbooks)是瓦尔韦德(Gilbert Valverde)等研究者利用TIMSS的教材文本分析数据发展而来的一种

---

① 辛涛、王烨晖、李凌艳：《新课程背景下的课程测量：框架与途径》，载《北京师范大学学报(社会科学版)》，2010(2)。

方法。① 以图 3-2 为例，该图展示的是教材各个功能区块的构成，如"核心叙述""练习""插图""例题"等。图中的横轴表示教材的长度（页码），长竖线段代表教材中章节的划分，短竖线段则分别对应区块类型在教材中具体出现的位置。因此，从图中可以清晰地看到整本教材在这些不同功能区块上的构成与分布。除了可以展示功能区块的分布，该方法还可以展示知识点内容的分布和教材对知识能力要求的分布。因此，只需要一张由三个分别表示功能区块、知识点和能力要求的栅格图，便可以完整、清晰地将一本教材的结构直观呈现出来。教材设计的思路、教材的特点都可以通过图来直观体现。但是，教材图示化需要通过对教材系统、细致的文本分析才能呈现，并且图示化的过程相对复杂，其优势在于结果直观呈现，但所能提供的量化信息较少，可以看作对教材的一个素描。

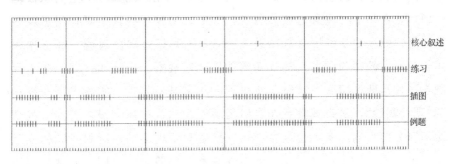

图 3-2 教材图示化举例

五、观察法

观察法是教育研究领域常用的一种方法。它是指评价者到实际课程情境中，对所要评价的现象进行观察记录。在课程评价中，观察法具有重要作用，能够帮助评价者了解课程实施的过程与课程目标的达成程度，发现课程实施过程中可能存在的问题。

根据观察者参与情境的程度，观察法可以分为非干预观察和干预观察两类。

非干预观察又称"自然观察"，是指在自然情形下，研究者不进行任

---

① Gilbert Valverde, Leonard J. Bianchi, Richard Wolfe, William H. Schmidt & Richard T. Houang, *According to the Book: Using TIMSS to Investigate the Translation of Policy into Practice Through the World of Textbooks*, Boston, Kluwer Academic Publisher, 2002, pp. 53-60.

何实验控制的观察。这种观察的目的在于描述行为的自然发生，特别是伦理和道德层面不允许进行实验研究时，非干预观察成为非常有效的一种研究方法，而且它能够为实验研究的外部效度提供证据。但由于非干预观察是完全没有控制的观察，因而很难得出事件之间相互关系的明确结论。

干预观察则是指在观察情境中，观察者干预之后进行的观察。其又分为参与性观察、结构化观察和实验观察。在参与性观察中，观察者直接观察各类现象和行为，直接参与观察的情境。对被观察者而言，可以分为知道自己被观察和不知道自己被观察两种情形。例如，课堂观察，如果观察者直接参与到课堂中进行观察，这时候无论是教师还是学生，都会因教室中新出现的成员而产生行为上的变化。比如，学生更积极地听课，或者学生的注意力被分散了，不再关注教师的教学而是用于观察新成员。如果观察者没有直接进入课堂，而是通过单向玻璃对课堂教学进行观察，教师和学生就都不知道他们在被观察，仍然和往常一样进行教学。在这两种情况下，观察所得到的结果是不同的。实验观察又被称为"现场实验"，是指观察者在自然情境中操纵或控制变量，观察这些变量对行为的影响。在实验观察中，观察者对于现场的控制和操纵程度是最高的。而结构化观察则处于参与性观察和实验观察之间，通常是利用干预或控制创设出一个情境，通过事先设计的程序来全面观察。

课程是一个逐层设计的复杂体系，但是在教师实施课程之前，这些都仅停留于设想与理论，也就是说，课程实施在课程体系中具有举足轻重的作用。与其他课程层面不同的是，课程实施是一个动态变化的过程，虽然可以通过问卷调查、访谈等方式获得部分信息，但只有观察法能够更直接、客观和准确地了解和记录这些过程信息。例如，在教学中，教师如何进行课程设计、如何组织学生学习、如何分配教学时间、能否按照预设的方案实施教学，教师到底在多大程度上实践了这些设想，在实施过程中是否存在问题和困难，学生是否积极参与教师所组织的各项活动，学生对这些活动是否感兴趣等，只有评价者通过实地观察才能全面回答。若观察法能够和其他方法结合使用，相互印证与补充，则是锦上添花。

六、访谈法

与专家意见法、观察法类似，访谈法在教育研究乃至社会科学研究领域都广为使用。在整个过程中，访谈者按照预先制订的计划，负责提问并且记录被访谈者的答案，提出的问题可以是开放性的也可以是封闭性的。记录的方式随着技术的不断发展，不再局限于纸笔，录音笔、摄像机等设备可以更准确地记录被访谈者的回答。访谈可以是高度结构化的，也可以是完全自由的；可以是一对一的访谈，也可以是一对多的访谈；还可以是焦点式的，集中对某个问题或者被访谈者的某段经历进行访谈。

访谈中，访谈者能和被访谈者进行深入交谈，对各种答案比较模糊的问题进行澄清，及时追问各种深度问题，获取有价值的信息；可以将一些比较敏感的问题巧妙地穿插在访谈过程中，并通过观察被访谈者的反应获得额外信息。但访谈法也有自己的不足：成本比较高，特别是一对一的形式，在一定时间内只能访谈有限的被访者；对访谈者有较高的要求，需要进行培训，并尽量实现访谈过程的标准化，否则会直接影响所收集资料的质量。

课程评价中，主要是在对人进行的评价中使用访谈法，如管理者和教师。问卷调查中，所有的回答都预先被框定在有限的范围里，有时候被调查者的意见无法得到真实的反映。相比之下，通过访谈，教师、管理者对于课程的想法、意见都能得到充分表达，评价者能够从中获得更丰富的信息。有研究者对教师同时实施了问卷调查和访谈，在对教师的访谈中，提及教师对这两种调查方式的态度，大多数被访谈的教师表示，他们在问卷调查中无法真实地表达自己的想法，而访谈则使他们每个人的想法都能得到表达，使他们感知到自己的意见是有价值的，而且希望能够将这些意见通过研究者反映给课程体系的其他主体。可见，访谈法有其特有的优势。[1]

七、非文本内容分析法

绝大多数研究者对于教材的兴趣主要集中在教材的知识体系设计、

① Floyd J. Fowler, *Survey Research Methods*, Thousand Oaks, SAGE Publications, 2013, pp. 110-126.

文本内容的呈现等方面。但部分研究者逐渐发现，教材中非文本的内容如教材本身的物理特征以及教材中的照片、图片、字体的设计等也发挥着重要的作用。

瓦尔韦德等研究者在 TIMSS 研究中，对参与国和地区的数学与科学教材的非文本特征进行了系统研究，对教材的页面尺寸、页数进行了比较分析。结果显示，TIMSS 参与国和地区四年级、八年级的数学教材平均页数分别为 125 页和 225 页，而两个年级的科学教材页数相近，平均为 150 页左右，但是不同国家和地区之间存在较大的差异。同样，在教材页面尺寸上，不同国家和地区之间也存在较大的差异。①

金（Rae Young Kim）通过对教师和教材编写者的访谈，总结出了一个非文本内容的分析框架。他通过对数学教材的分析发现，非文本内容的准确性、（与文本材料的）紧密性、情境性、简单性和吸引力是最为关键的因素。其中，准确性和紧密性是每一个非文本内容必须具有的基本要素，情境性、简单性和吸引力是促进数学教学的有利因素。虽然课程专家和教师都认可五个非文本内容的因素很重要，但是在具体情境中，他们对每一个因素的诠释和强调程度并不相同。其研究表明，教材本身的材料使用会提供给学生不同的学习数学知识的机会，影响学生对各个数学概念知识的理解和掌握。②

斯劳（Scott W. Slough）等人采用图形分析协议法（graphical analysis protocol），对科学教材进行了非文本内容的分析。图形分析协议法首先需要确立各种非文本内容的功能与形式的分类，然后建立这些分类的操作性定义，通过对教材非文本内容的分析与编码，将编码信息转换为量

---

① Gilbert Valverde, Leonard J. Bianchi, Richard Wolfe, William H. Schmidt & Richard T. Houang, *According to the Book: Using TIMSS to Investigate the Translation of Policy into Practice Through the World of Textbooks*, Boston, Kluwer Academic Publisher, 2002, pp. 34-45.

② Rae Young Kim, "Text + Book = Textbook? Development of A Conceptual Framework for Non-Textual Elements in Middle School Mathematics Textbooks", PhD diss., Michigan State University, 2009.

化数据。[1] 斯劳等人在对科学教材的非文本内容进行分析时，提出了四条
原则：①对于非文本内容的评价，需要同时考虑形式与功能；②非文本
内容应当能够帮助读者建立心理模型；③非文本内容应与文本内容紧密
关联；④非文本内容与文本内容在意义上也应当是紧密关联的。在其所
分析的 4 套科学教材中，照片的比例最高（46.7%）；混合型图片其次
（13.8%）；再次是表格（10.5%）；所占比例最少的是流程图和放大的照
片，均不到 1%。非文本内容的类型构成存在明显的教材版本差异。从图
片的功能来看，52.7%的非文本内容发挥表征关系的作用，33.3%的非
文本内容起到了装饰的作用，14%的非文本内容发挥了组织的功能，各
个版本的教材之间差异不大。从非文本内容的系统性来看，具有高系统
性的非文本内容的比例仅为 1.2%，低系统性的非文本内容比例高达
87.7%。从非文本内容与文本内容之间意义的紧密性来看，62%的非文
本内容与文本内容意义之间有较好的紧密性，但仍有 32.7%的非文本内
容与文本内容之间没有关系，并且这种紧密性在不同的知识点和不同的
教材版本之间存在较大差异。从索引的明确性来看，61.9%的非文本内
容具有明确的索引，但剩余 38.1%缺乏索引，且存在较大的版本差异。
从非文本内容的标题使用上来看，仅 18.5%的非文本内容没有标题，但
标题的使用在各个知识点和教材版本之间均存在较大差异。

　　不同研究者从不同的角度出发，对非文本内容的功能与形式进行了
不同的分类。温（Bill Winn）将图片分为图、简单表和复杂表三大类。[2] 赫
加蒂（Mary Hegarty）等人则将其分为临摹、表征符号及图表，并且根据
所发挥的功能，将图表划分为呈现冗余信息的图表和呈现创新信息的图
表。[3] 维基里（Ioanna Vekiri）试图将各种分类统一到一个分类系统下，将

---

①　Scott W. Slough, Erin McTigue, Suyeon Kim & Susan K. Jennings, "Science
Textbooks' Use of Graphical Representation: A Descriptive Analysis of Four Sixth Grade Science
Texts", *Reading Psychology*, 2010, 31(3), pp. 301-325.

②　Bill Winn, "Charts, Graphs, and Diagrams in Educational Materials", in Harvey
A. Houghton, Dale M. Willows & Harrisonburg, R. R, ed., *The Psychology of Illustration*,
Donnelley & Sons Company, 1987, pp. 152-198.

③　Mary Hegarty, Patricia A. Carpenter & Marcel Adam Just, "Diagrams in the Compre-
hension of Scientific Texts", in Michael L. Kamil, Peter B. Mosenthal & P. David, ed., *Hand-
book of Reading Research*, Pearson & Rebecca Barr, 1996, pp. 641-668.

非文本内容划分为表格、地图、曲线图和网状图四大类别。[1] 其他研究者提出了更简单的划分方式，亨德森（Garry Henderson）根据非文本内容呈现出来的是静态信息还是动态信息，将非文本内容划分为静态表征图表和动态表征图表[2]；莱文（Joel Levin）等研究者通过对图片功能的元分析，总结出了五大特点：装饰、表征、组织、解释和转换。[3]

八、档案袋评价法

档案袋评价法是一种发展性评价方式，它收集以学生作品为主的，包括学生自己、同伴及教师对其评价的相关资料，据此对学生的学习、进步和所获得的成就进行评价。根据档案袋的用途及档案袋中所收集的资料不同，我们可以将档案袋的资料分为不同的功能类型，如展示型、评估型、课堂型、文件型和描述型等。档案袋评价法的评价主体多样，可以是教师、家长、同学或学生本人。[4]

在档案袋评价法中，学生全程参与，有权决定档案袋的内容，拥有判断自己学习质量和进步的机会，改变了以往学生在评价中的被动地位。同时，档案袋评价法能够为教师最大限度地提供学生学习与发展的过程性信息，将评价与教育教学相融合。为了促进学生的发展，档案袋的使用要与学生的发展现状、课程目标相结合，在实施前制订明确的评价计划。档案袋的内容紧密围绕学生进步的事实，系统收集相关证据，体现学生的学业水平，反映学生为达到这个目标所经历的过程和付出的努力，以监测学生在特定学科领域知识、技能与态度的发展。档案袋中的内容丰富多样，作业、学习心得、小组评价、测试卷、反思材料、教师评语、作品均可。材料的形式可以是文字的、影音媒介的、实物的等。[5]

---

① Ioanna Vekiri, "What Is the Value of Graphical Displays in Learning?" *Educational Psychology Review*, 2002, 14(3), pp. 261-312.

② Garry Henderson, "Learning with Diagrams", *Australian Science Teachers' Journal*, 1999, 45(2), pp. 17-25.

③ Joel Levin, Gary J. Anglin & Russell N. Carney, "On Empirically Validating the Functions of Pictures in Prose", in Dale M Willows, Harvey A Houghton & Harrisonburg, R. R, ed., *The Psychology of Illustration: Basic research*, Donnelley & Sons Company, 1987, pp. 51-114.

④ 赵德成：《新课程实施中的情感、态度与价值观评价》，载《课程·教材·教法》，2003(9)。

⑤ 李雁冰：《质性课程评定的典范：档案袋评定》，载《外国教育资料》，2000(6)。

　　档案袋评价法通过收集学生进步的过程性信息，能反映课程实施的过程，同时也能对课程的效果进行评价，因此成为课程评价的一个重要方法。用于课程评价的档案袋评价法，需要事先设立统一的比较标准，收集结构化或者半结构化的内容和材料，以期在不同学生之间进行比较。在课程评价中，学业成就测试是评价课程效果的主要手段，而结合档案袋评价法的使用，能够实现对课程效果更全面、客观的分析与评价。

第二节　量化方法

一、问卷调查法

　　问卷调查法是大规模收集信息最为迅速和便捷的方法。它能够以较低的时间和金钱成本获取大量有价值的信息，因此也是课程评价、教育研究乃至整个社会科学领域最为常用的方法。在课程体系中，所有"人"的对象都可以成为问卷调查的对象。针对不同的对象，问卷调查所需了解的信息有所不同。面向校长的问卷调查，主要收集学校的课程设计、校本课程以及相关的课程影响因素方面的信息。对教师进行的问卷调查，一般会有多方面的目标：一是收集、了解教师与课程相关的背景信息，二是了解教师有关学科课程方面已有的知识基础，三是有关教师课程实施方面的重要信息。面向学生的问卷调查，一方面是收集学生的背景信息，另一方面则是了解学生对相关学科的情感态度。学业成就测试只能了解学生掌握知识的状况，无法了解通过课程传递，学生所形成的对各个学科课程的态度和情感，到目前为止，只有问卷调查法能够实现这一目的。通过对教育管理者的问卷调查，可以了解课程政策的实施、课程管理方面的信息。

　　问卷调查法也有不足，其中回收率一直是困扰研究者的一个问题。此外，作答者不认真作答、无法对作答者的回答进行实时干预、明显的社会赞许性、大量题目的回答缺失等，都使问卷调查法的效果受到影响。为了提升问卷的回收率、作答率，研究者们一直致力于设计有吸引力、易于填写的问卷。为了克服社会赞许性问题，有研究者采用了跨层评价的方法。例如，对于教师课堂行为的调查，教师在回答类似问题时，因为明确知道哪些行为是合适的、哪些行为是不合适的，会表现出明显的社会赞许性。为了获取真实信息，教师的课堂行为改由学生回答，以保证所获得的结果更加客观、准确。为了减少由于题量过多而导致的疲劳，出现作答率下降、作答不认真等问题，PISA 在其背景问卷的调查研究中尝试了矩阵取样的方式，采用多题本的问卷，每个作答者只需完成其中的一份题本即可。

二、德尔斐法

在以会议形式展开的专家意见征求过程中，如果有少数专家占据发言的主导权，那么就不可能全面、完整地听取所有到会专家的意见，不同或相反的意见甚至无法得以表达。有时候受限于会议的时间，专家的意见也无法得到充分表达。再加上所邀请的专家临时有事无法参会等诸多因素，使这种形式所获得的信息大打折扣。德尔斐法由兰德公司发展起来，主要针对以会议形式向专家征求意见的不足。该方法利用一系列简明扼要的调查表和对所获取意见的有控制的反馈，从而取得一组专家最可靠的统一意见，实现预期目标。

德尔斐法将这种意见的征求形式改为以匿名的书面方式进行。采用德尔斐法首先需要建立一个工作小组，工作小组成员熟悉德尔斐法，并且同时掌握相关的统计、测量专业知识。其次，要选定参与的专家。在选择专家时充分考虑专家的特长领域、年龄、专业水平、社会背景等多种影响因素，以保证获得多视角、较为全面的专家意见。选定专家后，采用问卷的形式向专家征求意见，一般会开展多轮。第一轮的意见征求过程中，往往采用开放式问卷，让专家们针对评价的问题广泛提供意见和建议。第二轮的意见征求会根据第一轮所获得的信息，加上其他资料，要求专家根据所列的具体项目进行重要性的排序或评价，采用结构化的问卷调查方式进行。工作小组根据第二轮的调查结果进行数据分析，并且在第三轮的意见征求过程中将第二轮的分析结果反馈给各位专家。专家根据反馈的结果，可以更改自己的意见，也可以保留自己的意见。再以同样的方式进行第四轮的意见征求。最终，工作小组将以最后一轮的征求结果为主进行分析，并且对照几轮意见征求过程中结果发生改变的项目，报告专家在各个项目上坚持自己意见的程度。

德尔斐法至少要进行三轮专家意见征求，因为需要为专家提供至少一次上一轮意见征求的结果，因此一般实际会进行四轮左右的意见征求。在德尔斐法中，每个专家都有充分表达自己意见的机会，每个专家的意见都得到了同样的重视，专家有充分的时间思考和做出反应，并且能够及时得到整个专家组意见的反馈，同时避免了面对面沟通可能带来的尴尬。[①]

三、学业成就测试

学业成就测试是对某个领域学生知识、技能和所获得的成就水平的测查，是教育与心理领域最常见的测量方法，是获知个体掌握课程状况的最主要手段。但学业成就测试并不是评价教学效果、教育质量的唯一方法，学生情感、态度和价值观等是无法通过学业成就测试获得的。

即便对学生的课程知识进行测试，也无法全面获知学生对课程的掌握情况。因为随着年级的增长，学生所获得的课程知识在量和深度上都有明显的增长。为解决学生所具有的广泛的知识内容和有限的测试时间之间的矛盾，矩阵取样设计方法应运而生。矩阵取样是通过将测验题目随机平行等份分配给随机选取的学生来对测验总分进行估计。[②] 该方法根据特定的测试内容编制出完整内容维度的测试题目，然后将这些题目分割成若干套试题（15～20 套），每套试题仅包含一部分测试内容，每一个学生只需完成 1 套试题即可。虽然从个体角度而言，他并没有完成所有的测试内容，但是从参加测试的班级、学校甚至地区水平来看，则完成了所有的测试内容。矩阵取样设计的测验，实现的是班级及更高层面的课程效果的评价，减轻了考试可能给学生个体带来的心理负担，且由于不同的学生完成不同的测试题，降低了邻近座位学生作弊的可能性。

学业成就测试根据测试的目的可以分为高风险学业成就测试和低风险学业成就测试。此处的高风险是指测试的结果会对学生个体或者相应群体产生重要影响，如升学、资质认定、薪酬等。而低风险则是指测试结果主要用于监测学生学业发展，为学生、教师和家长等提供反馈，而

---

① 黄政杰：《课程评鉴》，194～201 页，台北，师大书苑有限公司，1987。

② 李凌艳、辛涛、董奇：《矩阵取样技术在大尺度教育测评中的运用》，载《北京师范大学学报（社会科学版）》，2007（6）。

不是用于各种决策。在课程评价中，学业成就测试可能是高风险的，也可能是低风险的。如果要对整体课程进行评价，用于问责的目的，那么学业成就测试就必然是高风险的。如果是为了找出当前课程实施过程中的不足，对教师的教学进行反馈，则学业成就测试是低风险的。

学业成就测试是课程评价的一种重要方法，但需要科学、客观地诠释、理解其结果，不可对结果进行过度推论，同时在使用过程中要充分考虑到其风险性问题。

四、实验法

实验法是自然科学研究的范式，通过人为创设一定的情境，设置实验组与控制组，控制大量因素，探讨研究所关注的变量间的关系。实验法通过随机抽样和安排，严密控制实验条件，借助大量仪器实现对结果的准确记录，具有其他方法所不能比拟的科学性、客观性、系统性和可控性。坎贝尔（Donald Thomas Campbell）等人把实验设计分为前实验、真实验和准实验三大类。[①] 前实验设计不是真正的实验设计，仅具备实验处理和测量两个要素，对任何变量都缺乏控制，实验中会受到包括成熟、练习、历史事件等多种因素的影响，很难判断实验结果是不是由实验处理引起的，研究结果的内部效度较低。真实验设计有实验组和控制组，随机挑选和分配被试，各种影响因素得到了较好的匹配与控制，从而把无关因素的影响排除在外，能够得出"实验结果是由实验处理所引起的"的结论。准实验设计与真实验设计的唯一区别在于，准实验设计无法随机选择和分配被试，因此无法排除所有影响实验处理的因素，使得实验结果的内部效度降低。

在课程评价中使用实验法具有其他方法无法比拟的优势：能够保证课程评价的结果更为科学、客观，实现对课程各个方面量的分析。在课程评价的早期，实验法得到了大量运用，研究者以所评价的课程作为实验处理，采用实验的范式，对课程实际运作的效果进行了测量评估，以了解课程与课程效果之间的关系。但由于教育属于人文社会学科，借鉴、使用源于自然科学的实验法，无论在被试的随机选取与分配、实验设计、

---

① Donald Thomas Campbell，Julian C. Stanley & Nathaniel Lees Gage，*Experimental and Quasi-Experimental Designs for Research*，Chicago，Rand McNally，1963，pp. 2-5.

额外变量的控制还是实验结果的使用上，都有一定的局限性，无法全面达到实验法的要求，并且在教育实践中，实验法的运用存在诸多障碍。例如，班级学生在入学的时候是固定的，随机选择与分配被试会打乱已有的班级人际关系，影响正常的教学秩序。有些因素如学校环境、社会影响等是无法控制的，但会对课程效果产生影响。

在这种情况下，研究者们逐渐认识到，前实验和准实验在课程评价中也能发挥巨大作用。例如，在全面实施新课程改革之前，需要选取相应的实验区试行新课程，以了解新课程的实际效果、在实施过程中可能遇到的问题等，从而为后续全面开展新课程改革积累经验，调整新课程方案中的不合理之处。这时，只能采用前实验设计的范式，在少部分学校或地区使用新课程，一段时间后评价使用效果。这样的前实验时间有限，且以发现问题为主，评价者同时采用多种评价方法如观察法、访谈法、学业成就测试、问卷调查法等，探明那些潜在的影响因素，从而更加客观、准确地诠释前实验所获得的结果。如果条件允许，采用准实验的设计范式能得到更为准确的结论，同时也需要辅以其他方法，以探明影响结论的各类相关因素的作用。

第四章　我国课程评价模型的理论构建与落实

　　本章对我国课程改革与评价的发展进行了简单回顾，对国际上实施不同课程机制的国家的课程改革进行了分析比较，充分吸收其课程改革与课程评价发展历程中的经验教训。在此基础上，建构出我国课程评价的理论模型，并对其进行了操作化的解读，同时以小学数学为例，说明如何从理论模型落实到具体的学科课程评价上。

第一节　我国课程改革与评价发展回顾

一、我国课程改革历程

　　新中国成立初期，我国的课程体系在课程目标、教学大纲、教材编写及学制设置等方面模仿苏联的模式，全面引入其教育理念：以学科为中心，强调自然学科，学科过于细化，课程的决策权力集中在国家层面等。当时我国的教学计划与大纲、教材及课程实施都是由国家统一管理的，地方和学校仅发挥执行作用，在课程设计方面较少有实践层面的教师和理论层面的专家参与，主要是一个政策制定的过程。

　　从 20 世纪五六十年代开始，我国在教材编写过程中形成了以"双基"（基础知识和基本技能）为主的课程开发模式。在课程管理方面，从完全中央集权开始转向以中央集权为主，探索地方分权。之后一直到 20 世纪 80 年代是我国课程体制初步形成阶段，分别进行了四次课程改革，期间首次尝试下放教材编写权力，地方可以对教材进行补充和增加乡土教材。在这个阶段，我国停止"照搬"苏联模式，开始探索适合我国国情的课程体制，在课程决策中开始咨询和征求社会各界的意见和建议，编制相关课程文件、教材等材料前先进行广泛调研。

1986年，我国开始了第七次课程改革，标志着我国课程体系发展进入新的探索时期。1988年颁布的《九年制义务教育教材编写规划方案》开始探索多样化的教材，根据实际情况，分别编制用于不同学制和地区的教材，以适应不同地区的需求。1992年颁布的《九年义务教育全日制小学、初级中学课程计划（试行）》首次要求设置地方课程。1996年颁布的《全日制普通高级中学课程计划（试验）》要求学校合理设置本校的任选课和活动课，即校本课程。在这期间，我国课程在理念、制度、结构和内容等方面都发生了较大的变化，课程决策更加理性化，开始推行三级课程管理制度。[①]

1999年，我国新一轮基础教育课程改革正式启动。2000年7月至2001年2月，涵盖中小学义务教育18门学科的国家课程标准初稿形成。3月，教育部基础教育司在9个地区向广大教育工作者和专家学者征求意见，并对课程标准进行相应修改。6月，教育部印发《基础教育课程改革纲要（试行）》，要求采取"积极进取、稳妥推进、先立后破、先实验后推广"的方针稳步推进改革。此外，教材编写的权力在本次改革中完全下放，引入了教材建设的竞争机制，形成了"百家争鸣、百花齐放"的局面，给了各个地区、学校和教师更多的自由选择权。2011年，修订后的义务教育阶段课程标准正式发布，各个版本教材依据修订后的国家课程标准开始进行修订。

2014年，《教育部关于全面深化课程改革 落实立德树人根本任务的意见》明确要求深化课程改革，研制学生发展核心素养体系，修订课程标准，编写、修订教材，落实学科教学的育人功能，加强考试与招生的育人导向。2016年，《中国学生发展核心素养》正式颁布，确立了包括文化基础、自主发展、社会参与三个方面在内，综合表现为人文底蕴、科学精神、学会学习、健康生活、责任担当、实践创新六大素养，具体细化为人文积淀等18个基本要点的具有中国特色的学生发展核心素养理论模型。2018年1月，教育部印发《普通高中课程方案和语文等学科课程标准

---

① 代建军：《论我国当前中小学课程运作机制的转变》，博士学位论文，上海师范大学，2007。

（2017年版）》，在新课程标准中增加了学科核心素养和学业质量要求两个部分，内容更全面，结构也更加完整，意味着我国进入了基于核心素养的课程改革新时期。

二、我国课程评价的现状与问题

与我国课程改革的发展历程相比，我国课程评价的发展相对简单。一直以来，我国的课程评价研究主要以理论思辨的方式进行，通过经验总结等人本主义取向的方法进行课程评价与反思，缺乏科学主义取向的系统量化研究。仅有少数研究者就有关课程改革的效果进行量化研究，主要关注点分散在课程标准、教材、教师和学生等不同层面，未能将课程视为一个完整系统进行研究。[①] 还有一部分研究致力于对课程体制与政策进行比较分析。例如，通过与欧美国家课程标准的比较，来分析和评价我国课程标准的设置状况与特点。[②] 同样，这些研究都是质性的。

当前，我国已经进入基于核心素养的新一轮课程改革周期，课程评价得到了前所未有的重视，但课程评价研究仍相对薄弱，无法满足实践、教育管理、行政决策等层面的需求。总体而言，我国的课程评价研究主要存在的问题包括：在理论架构方面，未从系统的视角出发，构建起具有中国特色的课程评价的理论模型；在方法层面，以理论思辨与反思为主的质性方法作为课程评价的主要手段，而以问卷调查、学业成就测试为主的量化评价停留于简单描述阶段，未曾进行深入的课程体系内部关系与机制的研究。理论架构与方法层面的问题使我国的课程评价结果无法与国际课程评价研究接轨，更无法进行系统的国际比较研究。

三、国际课程评价对我国的启示

评价是课程的四大基本要素之一，随着课程评价越来越强调问责的

---

① Qiong Li & Yujing Ni, "Impact of Curriculum Reform: Evidence of Change in Classroom Practice in Mainland China", *International Journal of Educational Research*, 2011, 50（2），pp. 71-86.

② 柯森：《基础教育课程标准及其实施研究——一种基于问题的比较分析》，博士学位论文，华东师范大学，2004；汪贤泽：《基于课程标准的学业成就评价程序研究》，博士学位论文，华东师范大学，2008；许明、胡晓莺：《美国基础教育课程标准述评》，载《教育研究》，2002(3)；康玥媛、曹一鸣：《中英美小学和初中数学课程标准中内容分布的比较研究》，载《课程·教材·教法》，2013(4)；史宁中、孔凡哲：《十二个国家普通高中数学课程标准国际比较研究》，58～72页，长沙，湖南教育出版社，2013。

作用，其重要性日益凸显，包括及时对课程改革的成效进行检验，发现课程中存在的各种问题并进行相应的原因分析等。越来越多的国家已经认识到，课程与评价之间的脱节使教师以考试大纲作为教学依据，教学的目的不再是让学生掌握知识、培养技能，而是让学生通过考试，获得更高的分数。因此，各国在进行课程改革的同时对本国的课程评价进行了相应的改革或调整。在课程体系中纳入质量评价标准，既能够作为外部评价的准则，又能够为教师提供明确的指标，告诉教师教学应当达到的程度，使学生能够达到质量评价标准的要求，较好地解决课程与评价相脱节的问题。

（一）国际课程评价的特点

1. 各国通过立法或制定政策，确立课程评价的重要地位，采用自上而下、多方参与的模式进行评价设计

英国和美国通过立法的形式强制要求进行课程评价，澳大利亚通过一系列政策文件实现了国家层面对课程评价的统一要求，这些国家层面的法律和政策能够确保在国家范围内统一推进课程评价。例如，英国1988年的《教育改革法案》在建立统一的国家课程体系的同时要求建立相应的评价体系，对国家课程的实施情况进行检查和监督，以及时发现问题，有针对性地改进与提高，进一步提高课程的质量，提升教育质量，最终提高学生的素质，在全国范围内迅速建立起国家课程评价体制。

在国家法律法规的框架下，州、地区则制定出更细致的规则，保证课程评价的具体实施与效果。例如，美国相关的教育事务权力由各个州自行负责，但是在课程评价推行的早期，由于课程体系的分权制，使得整个推进过程受到影响。因此，美国通过国家层面的相关方案以及与各个州达成一致意见等方式，最终顺利实现了国家层面的统一的课程评价。各个州在统一的框架下，一方面配套建立国家课程评价的规则，另一方面同时构建起本州具有特色的评价体系，制定了更为细致的适合本州的规则，同时满足国家和地区发展的需求。

采取自上而下的推行模式，有助于国家对课程评价进行统一规划与设计，加强国家课程质量的监控，这是当前课程评价推进与实施最为有效的方式。采取自上而下的模式推进课程实施，并不意味着完全由国家

相关部门独立完成从课程评价设计到课程评价结果报告与解读的所有工作。成功开展课程评价的英国、美国、澳大利亚等国家在课程评价中鼓励研究人员、教育教学实践者、教育管理者等多元群体的参与，重视各种来源的实证研究结果，积极吸取国际大型测评项目、国外相关改革的经验与教训，充分听取多方意见，比较世界各国课程的发展趋势与特点。这些国家课程评价的各个环节均由不同的主体负责完成，由国家或相应机构对整个流程进行监督管理。整个课程评价是在多方通力合作下共同完成的。

2. 各国将课程评价融入课程标准的方式与设计理念各不相同，呈现方式不同，具有鲜明的国家特色

英国、美国、澳大利亚都在本国范围内开展课程评价，但是每个国家课程评价的设计都不相同，是当前不同课程评价设计模式的几种重要代表。

英国模式中，课程评价与课程标准本身紧密结合。从 1988 年起开始实施统一的国家课程，课程评价是其国家课程方案的重要组成部分，每一门学科的国家课程方案中均有课程评价部分，课程评价的设计与安排和课程系统的设计与编排是在同一个框架下进行的，课程评价就是课程体系本身的一个必要组成部分。只是英国仅在四个关键阶段末才对主要学科进行国家层面的统一课程评价，其他年级均以教师为主开展课程评价。

美国模式中，美国的联邦制度使国家层面无权干涉各个州课程标准的制定，因此，美国无法像英国那样直接通过立法对各个州的课程进行改革。但是，为了推进国家层面统一的课程评价，美国通过一系列的立法工作，明确学生每年应当进步的具体程度，通过制定统一的《州立共同核心标准》，为各个州具体课程标准的制定、课程评价工作的开展设立最低要求，为各个州课程标准的改进与改革、教材编写与出版等各个环节提供指导与帮助，并且要求各个州参加 NAEP 项目，实现了国家层面对课程的统一评价。美国的课程评价并不是通过对课程体系的全面改革或者修订实现的，而是依靠外部立法，通过逐步推进的方式，在课程体系的外部建立起相应的课程评价标准并与课程标准相统一。

澳大利亚模式中，整个基础教育阶段的课程设计是围绕学生的总体培养目标——公民所应具有的 7 项通用能力设计的。7 项通用能力均是跨学科的，所有的学科设置都围绕 7 项通用能力设计，有的学科囊括了 7 项通用能力，有的学科则覆盖部分通用能力。课程评价在课程标准中以成就标准的形式出现。课程体系与课程评价的设计都是在公民 7 项通用能力这个统一的核心框架下进行的，在培养人才的统一目标下，进行课程体系的设计与架构，课程体系的所有组成部分都是融会贯通的。

3. 多样化的学业质量标准设计模式

在学业质量标准的制定过程中，各个国家的设计思路也各有特色。英国的国家课程评估采用的是强调个体进步的成就目标，每一关键阶段末的学生都预设了应达到的目标等级范围，这些成就目标不是与特定的年级相对应的，而是跨年级的一贯制。每个学生在特定的阶段都可以找到与自己相对应的成就等级。因为没有和年级进行固定的关联，所以英国的学业质量标准强调学生个体的个性发展，每个学生在评估的时候都可以在这个连续的跨年级的学业质量标准尺度上找到自己对应的位置。

澳大利亚的课程评估中，学业质量标准的设定采用的是年级标准。即每个年级都有明确的标准，从各个角度规定学生所应达到的水平。在年级末通过与标准的比照，可以知道每个学生是否达到或超越了预设的目标。年级制的学业质量标准强调学生在每个年级完成学习之后应当达到的预设目标。这种模式的学业质量标准更注重评估经过课程的学习，学生是否达到预设目标，而无法像英国那样给每个学生一个个性化的评估。

美国在《不让一个孩子掉队》法案中提出年度进步（Adequate Yearly Progress，AYP）指标，在数学和阅读领域对各个州的测试结果进行评估，旨在让所有孩子在一定的时期之后，在数学和阅读领域都能 100% 达到熟练水平。将这个目标进行分解，到每个学年，各个州都应制定出各自的年度进步目标并进行评估，以判断本州课程实施的效果。除了州层面的年度进步指标外，美国还通过强制推行州层面的 NAEP，实现对各个州课程质量的监控。正是因为美国教育的分权制，我们可以看到美国在制定学业质量标准的方式和模式上都有鲜明的特色。

（二）对我国课程评价的启示

在课程体系中纳入质量评价标准，对我国教育质量的提升具有重要意义。当前，我国绝大多数地区仍然以升学率作为主要的评价指标，对学校和教师进行评价。为了获得更好的成绩、更高的升学率，教师不得不以考试内容作为教学内容选择的依据，而课程体系自身的设计被搁置一边。在课程体系中纳入质量评价标准，将具体的评价标准与课程相关联，作为考核教师、区域、学校的依据，能够较好地解决"一切都围着考试转"的问题。

我国一直在开展课程改革与改进工作，但是相应的课程评价工作没有及时跟上课程改革的步伐。新中国成立以来，我国开展了多轮课程改革，但直到20世纪80年代末，才开始开展课程评价方面的研究工作。课程评价的缺位，导致课程设计、实施及使用效果等各个环节的信息缺失，从而无法对课程质量进行全面的评估。究其原因，主要有两个：第一，过去的课程改革还未充分意识到课程评价能够发挥的巨大作用；第二，我国课程评价方面的技术相对比较简单，没有发展出一套切实有效的课程测量与评价的方法体系，无法实现对课程质量的监测与评价。

因此，我国亟待提升课程评价的地位，充分发挥课程评价在课程改革和课程质量监测中的作用，从而及时了解与掌握课程改革的效果，发现课程改革中存在的问题，为进一步推进课程改革与提升课程质量提供科学依据。美国、澳大利亚、英国的课程评价各有特色，它们在课程改革历程中不断改进、发展和创新各自的课程评价模式。同时，国际组织也在国际层面上开展相应的研究，为各国提供了更多的信息。这些国家与国际组织在课程评价中所积累的经验与教训，能够为我国开展系统的课程评价提供大量帮助。

课程体现了国家对未来人才的要求，是社会发展到特定阶段后知识体系与价值体系的综合载体，是社会公民素养的反映，是学校培养人才的蓝图，是教师教学的根本依据，是学生获取知识的主要来源，能够促进学生德、智、体、美、劳的全面发展，在整个教育体系中有着举足轻重的作用。课程评价是对课程质量、教育教学过程进行的科学、客观的分析与判断，旨在保障课程的正常运行，以不断提升课程质量。课程评价也是课程体系的一个关键环节，是课程不可或缺的一个部分。随着课程理念和评价观念的不断更新、课程改革实践中经验的不断积累、各类评价方法的出现，课程评价也获得了长足的发展。当前，我国亟须建立完善的课程评价体系，发展与此相适应的课程评价方法体系，建立课程评价的规范与标准，充分发挥课程评价在整个课程体系中应有的功能与作用。

第二节　我国课程评价模型的构建

我国课程评价的发展历史相对较短，理论层面缺乏一个基于课程实际情况构建起来的课程评价模型，这就使得我国的课程评价研究主要停留于对课程的某一层面或者部分进行局部评价，未能以系统的视角进行评估，所得出的结论亦无法推广和拓展。从理论层面构建起具有中国特色的课程评价模型是对我国课程体系进行科学评价的重要基础。

一、课程评价模型构建的基本思考

课程是一个复杂的体系：层面多，上至宏观的政策层面，下至某一节课程的实施，都是课程评价所要涉及的；类别多，不仅有国家课程、地方课程、校本课程等，各个类别内还涉及不同的学科；构成对象复杂，课程体系中不仅有静态的书面材料、具有主观能动性的教师与学生，还有大量的人与人、人与书面材料之间以及书面材料之间的交互。此外，课程这个复杂的体系处于特定的环境之中，从学生个体、家庭、学校乃至社会都与课程体系进行着大量互动，相互影响。因此，在构建我国课程评价模型时需要综合考虑以下几个方面的问题。

（一）模型的适用性

首先，课程是一个多层面的系统，且每一个层面又是一个复杂的微系统。课程评价模型的建立应当充分考虑课程各个层面的具体情况，既能适用于单一课程层面，也能适用于整个课程体系的评价分析，还要能够进行层面之间的关联分析。其次，由于我国的课程体系涉及国家课程、地方课程和校本课程多个类别，而每个类别的课程从设计到实施又各有特色，因此模型的构建还要适用于各个类别，否则，模型的应用价值会大打折扣。再次，我国的课程体系是一个集知识、能力与情感态度于一体的复杂体系，因此所构建的模型应当能够适用于多维度，而不能只适用于某一维度。最后，课程最终会落实到具体的学科中，因此所构建的课程评价模型应当能够较好地适用于各个学科。

（二）模型的影响因素

课程并不是以真空的方式孤立存在的，课程的每一层面、每一要素都和其所处的环境发生大量的交互作用。如果将课程体系从其所处的具体环境中剥离，则所获得的评价结果就会缺乏生态效度，其结论就无法应用于实践。因此，在构建课程评价模型的同时，要把与课程体系有紧密关联的影响因素纳入其中，以实现对课程体系更为客观和精准的测量与评价。

（三）模型的可操作化和可测量性

课程评价模型不应仅停留于理论阶段，要具体到理论模型的操作，落实各类质性与量化方法的实施，系统收集课程体系的各类信息，进行深入的数据分析与挖掘，探明课程体系的现状、背后的运作机制以及与环境的相互影响。

（四）模型构建的思路

考虑到以上三个问题，我国在构建课程评价模型时可以采取不同的构建方式。

第一种，根据各个学科特点，形成一个特定学科的课程评价模型。这种方式的优点是每个模型都是根据各个学科的特点量身定做的，可以对特定的学科直接进行测量、分析与评价。缺点是过于具体，不同学科之间无法进行分析比较，无法探索发现一些更上位的规律性结果。

第二种，在课程类别和学科之上构建一个上位的课程评价模型，不同课程类别和各个学科之间通用；具体到某个课程类别某一具体学科的评价时，需要结合各个学科的特点进行细化。即在统一的课程评价模型指导下，根据课程类别和学科特色，对这个上位的模型进行具体细化。但是，并不是每次都需要这种细化，只要该学科的体系在一定时期内保持相对的稳定性，那么学科的细化也具有相对的稳定性，建立起来之后，在一定时期内都是适用的。

显然，第二种方式更具有优势与弹性。在相对上位的层面，有一个统一的课程评价模型统领，在各课程类别和学科之间通用，能够实现各个学科之间评价结果的比较，发现各学科之间共有的规律性的内容与结果。同时，在课程评价模型的指导下，各个学科能够进一步细化，产生更为具体的学科层面的课程评价模型，而这种微观层面的具体模型也具有相对的稳定性和较强的适应性。

二、课程评价模型的构建视角

课程是一个多层面、多对象、多维度的复杂体系，从不同角度切入会构建出不同的模型，从表面上看可能差异很大，但实质是相似甚至相同的。理想的课程评价模型应当能够兼顾多个视角，对课程体系进行全面解析。

(一)课程结构视角

课程体系涉及多个层面，不同的课程层面在整个课程体系中发挥的作用不同，且各个层面的课程缺一不可。诸多研究者构建了不同的课程模型，通过比较分析发现，无论何种教育体制，其课程体系均可以从宏观、中观和微观三个层面进行相对完整的划分。宏观课程的主要功能是明确课程目标，勾勒出课程的整体架构与设计，指导和规范课程与教学过程，是国家/地区课程意图的集中体现。中观课程的主要功能是对宏观课程的具体化，是对总体课程目标的细化，体现的是学科专家在对国家课程目标、意图和理念的理解基础上，结合专家自身对学科的理解和对学生的了解所进行的设计与细化。微观课程的主要功能是将课程切实传递给课程对象——学生，是课程实施并对学生直接产生影响的层面。

课程的三个层面不仅存在逐层细化和具体化的关系，而且宏观课程对微观课程有直接的作用。课程体系存在于具体的情境中，不同的层面所受的环境影响也不尽相同。在具体的情境中，三个层面既独立又存在交互作用，最终的课程效果体现为学生的课程习得，如此完成课程的传递，具体的模型见图4-1。从课程结构视角来看，宏观、中观和微观课程既相互关联，又相对独立；既能对各个层面内部进行相对独立的分析，又能在不同层面之间进行关联分析。

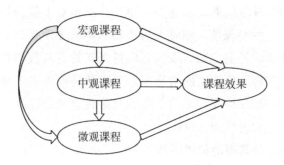

图4-1 课程结构视角下的课程评价模型

(二)动静态结合的课程要素视角

不同研究者分别从静态视角和动态视角提炼出了相应的课程评价要素。例如，斯塔克(Robert E. Stake)通过对整个课程实施过程的区分，提出了课程评价的三个核心要素：前提条件，即在教学发生前已经存在的情况；实施，即师生的教学互动；结果，从多种角度对课程效果进行阐释。[1] 斯塔弗尔比姆的 CIPP 模型从投入—过程—产出三个过程出发，对课程体系进行评价。[2] 马道斯(George F. Madaus)等人认为课程由六种要素构成：背景、总体课程目标、特定学科或学科单元目标、课程材料、课程实施、课程实施的结果。[3] 斯塔克和斯塔弗尔比姆从课程实施的动态过程出发，对课程评价的对象进行了区分，而马道斯则同时从静态的课程材料和动态的课程过程对课程评价对象进行了区分。

如果仅从动态过程出发，则会忽略课程体系自身的很多重要成分。例如，课程的总体目标、课程意图等比较宏观的内容，在具体的实施过程中已经被细化，无法直接进行评价。马道斯同时考虑到了动态与静态两个角度的结合，区分出了总体课程目标、特定学科或学科单元目标，

---

① Robert E. Stake, "The Countenance of Educational Evaluation", *The Teachers College Record*, 1967, 68(7), pp. 523-540.

② Daniel L. Stufflebeam, "The CIPP Model for Program Evaluation", *Evaluation Models*, 1983(6), pp. 117-141. CIPP 由背景评价、输入评价、过程评价、结果评价构成。

③ George F. Madaus & Thomas Kellaghan, "Curriculum Evaluation and Assessment", in Philip W. Jackson, ed., *Handbook of Research on Curriculum: A Project of the American Educational Research Association*, New York, Macmillan, 1996, p. 128.

但无论总体目标还是特定学科或学科单元目标，都不是一个实体，它们是通过相应的课程材料如课程标准、教材等文本体现出来的，而这又与其提出的另一个静态成分——课程材料相重合。

考虑到评价对象的实体性，结合静态与动态的课程评价对象，可以从人、物(课程材料)、过程三个方面进行区分。其中，所有的物都是由人生产出来的，或者是提供给特定的人所使用的，但仅仅对人和物进行评价又忽略了课程的动态性，过程是人与人、人与物、物与物(需要人的作用)的交互作用。在动静态结合的课程要素视角下构建的课程评价模型具体见图 4-2。

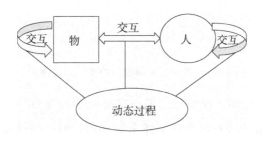

图 4-2　动静态结合的课程要素视角下的课程评价模型

(三)两种视角的融合

定位于评价的课程模型势必从可操作和可测量的角度入手，因此，将两种视角下的课程模型进行融合思考，能够帮助我们更好地实现对课程的测量与有效评价。两种视角融合下的课程评价模型见图 4-3，从中可以看到，模型中的每一个层面内部都存在着动静态结合的课程要素视角下涉及的所有环节，而课程结构的各个层面之间的大量关联互动也是通过人与人、人与物、物与物的动态交互而发生的。

在宏观课程层面，与课程相关的政策文件、课程标准等静态的文本材料都是由相应的政策制定者、课程专家研发的，反映了国家的课程意志。这些政策文件相互之间、制定这些政策文件的人之间以及各种静态文本材料和制定文本材料的人之间存在大量的交互影响。大量的动态交互作用最终主要以静态的课程政策文件、课程标准等文本材料的形式呈现。

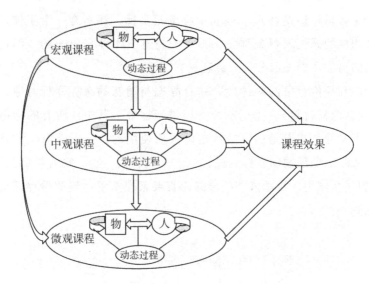

图 4-3 两种视角融合下的课程评价模型

在中观课程层面，以教材为例，在统一的国家课程标准下，不同的教材编写者根据自己对课程知识体系的理解、对学生认知发展特点的认识，对教材进行了设计与编排，不同版本的教材之间存在着诸多不同。因为存在这些复杂的交互作用，最终的文本材料变得丰富多样，而这又增加了评价的难度。

在微观课程层面，这种人与人、人与物、物与物的交互影响则变得更为复杂。在具体的班级课堂教学环境中，教师、学生与教学材料之间均有互动及影响。这个复杂的交互过程最终决定着学生习得的课程的质量，决定着课程的最终效果。

此外，不同的课程层面之间也存在着大量人与人、人与物、物与物的交互。例如，宏观课程层面的课程标准是中观课程层面教材编写的重要依据，也是微观课程层面教师教学的重要依据。中观层面的教材与微观层面的教师和学生也存在着大量互动。

（四）课程环境

课程作为一个完整的体系，不是一个孤立的系统在自行运作。课程处于具体的环境之中，在课程体系的整个运作过程中不断地和外界发生交互作用。古德莱德指出，课程的各个层面受其所处具体环境的影响。

他将不受环境影响的课程体系称为"理想课程"。[①] 事实上，我们所看到的课程或实际的课程效果是"理想课程"和其所处的外部环境交互作用的结果。环境中可能会对课程运作或课程效果产生影响的因素应当在评价过程中予以考虑。明晰课程的影响因素，能够帮助人们明确各个因素在课程体系中发挥的具体作用。课程的不同层面、不同对象所处的具体环境不同，这些不同层面、不同对象的环境因素相互嵌套，具体见图4-4。不同层面的环境对课程的不同层面、对课程各个层面内部的不同对象所产生的作用与影响机制也不同。在开展课程评价时，需要同时考虑环境的影响作用。

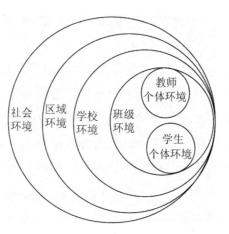

图 4-4　课程环境结构

例如，在宏观课程层面，课程的决策者在对课程总体目标进行设定时，是受其所处的特定社会经济环境影响的，而其所依据的各方专家意见则与当时课程研究的主流观点密不可分。又如，在微观课程层面，课程实施是在班级环境中进行的，因而班级资源、班级氛围、班额等班级因素都会对课程实施的效果产生促进或阻碍作用。而班级这个小环境又受到学校大环境的影响。学校的理念、实力、对各个学科的态度、可利用的资源等都会对课程实施产生各种直接或间接的影响。同样，学校也

---

① John I. Goodlad, "The Changing School Curriculum", http：//www.eric.ed.gov/ERIC-WebPortal/detail？accno＝ED012247，2018-06-02.

是处于一个具体环境之中，学校所在区域的地理环境、人文氛围都会影响到学校环境的塑造。

在课程体系有关人的因素中，以实施课程的主体教师为例，教师本身的学历知识背景、教学经验、相应的学科理念、教师之间的合作与支持等因素都会影响其对教材和课程标准的诠释，从而影响着课程实施的各个方面。[①] 同样，课程的最终对象学生对各个学科的兴趣、态度、价值观、已有的知识基础以及其家庭环境，都会对课程的最终习得产生影响。校长、教育管理者等其他人的背景性因素也会对课程体系产生影响。

第三节 我国课程评价模型的操作化

课程评价的重点在于评价，即要对课程进行实实在在的测量与评估。构建起课程评价模型之后，如何进行操作与落实是实现评价的关键。本书构建的课程评价模型从课程结构和课程要素两个视角出发，聚焦于评价对象，而评价主体即课程评价的发起与实施者，也是操作化的一个重要部分。本节从课程评价的对象与主体两个方面介绍如何使课程评价模型具有可操作性，将理论层面的课程评价落实于课程体系的具象实物。

一、课程评价的对象

（一）物

课程体系中的"物"——课程材料多样，它们是作为课程的具体载体而出现的。所有在课程体系中出现的、被使用的材料均可成为课程评价的对象，它们是课程体系中的静态元素。在课程体系的不同层面，不同的课程材料发挥着各自的作用。在已有的相关研究中，课程标准和教材是研究者关注度最高的。因为这两者的制定、发布与使用有一定的规范性，并且也是课程体系中必不可少的部分，因而成为课程体系中静态元

---

① Shirley M. Hord & Leslie Huling-Austin, "Effective Curriculum Implementation: Some Promising New Insights", *The Elementary School Journal*, 1986, 87(1), pp. 97-115; Judith Warren Little, "The Power of Organizational Setting: School Norms and Staff Development", http://www.eric.ed.gov/ERICWebPortal/detail? accno=ED221918, 2018-06-02.

素的核心。但在具体的课程评价研究中，选择哪些课程材料则需根据评价目标、成本、材料在课程体系中发挥的作用综合而定。

1. 课程文件

有关课程体系设计与规划的课程政策类静态文本材料，是教育系统根据国家或地区意图、社会发展的需求和人才培养的要求等多方面信息，对如何实现宏观与微观层面各类目标的具体思考，是对课程进行的完整设计与规范，在有些国家或地区甚至具有法律效力。这些文本材料大都属于宏观课程层面，具有相对稳定性，体现了国家或地区对学生的期望、对人才培养的要求，是对课程体系架构进行分析的重要载体。

相比课程政策类材料，课程标准则更聚焦于具体的学科，按照学段或年级划分，从课程内容、课程目标等方面提出了具体的要求，呈现出逐步细化的课程层级结构。[1] 每一学科的课程标准关注的是本学科课程知识体系的构建与设计，体现了每一个学科具体的课程目标和要求，是分析各个学科课程设计的一个重要载体。除此之外，与课程标准相配套的材料或者其他政策层面的相关文件、说明、补充材料都是对课程的宏观层面进行分析的重要资料，应当结合课程评价的具体目标而有所选择。

课程标准是课程评价的一个重要对象，因为课程标准是对课程目的和课程总目标进行分析评价的主要载体。课程标准设计得科学与否直接决定着其以下各层面作用的发挥。通过对课程标准本身定位、课程内容设计等方面的深入分析与研究，可以探明课程决策者的设计意图，发现课程标准中可能存在的问题，为课程标准各项改进措施的制定提供有力的科学依据和相应的建议。此外，课程标准的制定与教育体制密切相关。例如，中国、英国、芬兰等国家都是单一的教育体制，由国家统一制定课程标准，因此，在这些国家，通过对单一课程标准的分析，便可以全面了解该国国家层面课程设计的特点。但在美国、德国、澳大利亚等国家，由于是联邦制，课程标准的制定权力不在国家层面，并且这些国家内部还存在不同的学校体系，如公立学校、私立学校、宗教学校等，使

---

① 辛涛、王烨晖、李凌艳：《新课程背景下的课程测量：框架与途径》，载《北京师范大学学报（社会科学版）》，2010(2)。

得它们的课程标准呈现出多元化特点。在不同的州、不同的学校体系，其所依据的课程标准都会不同。

2. 教材

宏观课程层面的相关课程材料远离课堂，无法直接在教学中操作和实施。虽然课程标准是对这些政策文件的细化，但仍然缺乏可操作性，只是纲领性的指导。因此，教材主要承担了将宏观政策、纲领性的指导转化为教师可实施、可教学的内容的功能，是将各领域知识与学校中的学科结合起来的重要工具，是课堂教学的重要载体，在课程体系中具有重要地位。它是课程体系中唯一与各课程层面均有直接联系的文本材料：教材对课程目标进行阐释，是课程目标、学科目标的具体化；教材为教师实施课程提供指导，是课程实施的一个重要依据与来源；教材是学生课堂学习的主要资料，对其课程习得具有重要影响。

教材编写是一个复杂的过程，需要在课程文件的规范与指导下，将宏观的课程目标分解到各个学科知识体系中，并且教材内容的设计、安排、呈现方式、难度设置、练习设计等各个方面都必须依据教学规律，结合学生的身心发展规律进行。即便是诠释同一个课程标准，持不同理念的编写者所编排的教材也会对知识内容有不同的设计。这些差异都会对教师教学和学生学习产生影响，并最终体现在课程效果上。

实现对教材的科学评价，能够为教材编写者提供可靠的反馈，为教材的改进提供有用信息；能够为相关教育管理部门提供教材审批、筛选和监测的科学依据，有助于其对各类教材的实时监控；能够为区域、学校和教师选用教材提供指导。

3. 教案与课件

教案是教师实施课程的具体计划，是对每一节课的目标设定、课程内容的开展和预期课程效果的最详细设计，是分析和评价教师实施课程意图的重要载体。教案也是对教材内容的具体展开，是教师根据自己的专业素养和积累的经验，在对学生已有知识基础的了解上进行的设计。

课件是教师将教学内容直接传递给学生的一个重要载体。教案服务于教师自己，并不会呈现给学生，是一个预先的计划；而课件则是直接呈现给学生的，是整个课堂教学中的一个重要线索和学习材料，直接对学生的知识掌握产生重要影响。对课件进行分析，能够评价教师将课程计划转化为课程实施的能力。

4. 学生成果

学生成果是指在课程的教学过程中，学生习得的课程效果的展现。例如，学生平时的作业、考试、根据不同学科的特定主题所完成的作品，以及在课程学习过程中的过程性资料等，都能成为课程评价的对象。而这些材料正好与档案袋评价法中所包含的材料一致。更多的时候，课程评价中对于课程效果的考量主要是通过测查学生学业成就实现的，但这样的评价过于单一，可能无法对学生习得课程的效果进行全面、客观的评价。

5. 其他材料

除上述资料外，与教材配套的教辅用书、教师自行补充的相关课程材料、教师在课堂中使用的教具以及配套的辅助视听材料等，都是课程评价的对象，都能够提供相应的信息，供评价者更全面地分析、比较和进行价值判断。

（二）人

课程的各类政策文件和课程标准对整个课程体系的设计、学科的安排有明确的规范与指导，教材则把这些抽象的、宏观政策层面的规范、要求、设计和理念具体融入各个学科的知识体系之中，但这些都是静态的文本材料，若没有"人"这一要素，各种知识、能力、情感、态度和价值观无法传递给课程的最终对象——学生，也无法实现对年青一代的培养。

在人这一类别的对象中，一个鲜明的特点是人具有主观能动性，这使课程变得丰富多彩。同样的静态课程材料，每一个人都根据自己的理解对其进行个性化的诠释，因而会产生不同的效果。在这一类别的对象中，教师和学生是最核心的要素。其中，教师是课程实施的核心，是课程评价的主要对象；而学生是课程效果的关键评价对象。

1. 教师

教师是课程实施的主体，是连接静态课程材料和学生的重要桥梁。

教师主观能动性强，是课程体系最为活跃的要素之一。无论课程标准及相关政策文件如何对课程进行设计与规范，教材如何对顶层的课程设计进行诠释和阐述、如何对课程内容进行设计与安排，只有通过教师的实施，课程才有可能被学生接触和获得，这些预定的目标才有实现的可能。正是因为教师在课程体系中的重要地位与作用，因此在课程评价中，教师是重要的评价对象。而且很多时候，教师会被认为是课程成败的关键因素。

2. 学生

有了系统的课程材料和教师的课程实施，预设的课程才能够传递给学生。但最终学生对于课程的掌握程度则是由学生本身所决定的。课程体系设计得科学与否、教师课程实施得合理与否，决定着学生所能接触到的课程质量的高低，决定着学生接触课程、获得学习机会的质量的高低。但这些最终都需要通过学生本人的加工和内化，才能转变为被其习得的课程。学生不仅习得了课程的知识，还获得了能力的提升，以及情感、态度和价值观的变化与发展。学生本人在这个环节中起着决定性作用，即便使用相同的课程材料、由相同的教师在同一个班级教学，每一个学生对课程的掌握与习得都存在个体差异。因此，学生成为课程体系中又一个重要的"人"的因素。

3. 教育管理者

除了教师和学生外，相关的教育管理者也会参与课程体系的设计与安排，会对课程的实施产生影响。例如，在学校层面，校长会对本学校的课程产生重要影响。校长的课程理念、对于不同学科的态度都会直接影响到本校教师和课程设计，因此，校长也属于课程体系中"人"的因素。但是，与教师和学生相比，教育管理者的影响更多体现在对课程体系的设计和编排环节，而不是具体的教学环节。

4. 其他人员

除了教师、学生和教育管理者之外，课程决策者、课程专家、教材编写者、教研员等相关人员都在课程体系的正常运作中发挥着重要作用，可以提供大量的课程相关信息，也是课程评价对象的重要构成。

（三）过程

在课程体系中，人和物都不是孤立存在、各自发挥作用的。各类因素内部以及因素之间存在大量互动。这些互动构成了课程的动态过程，体现了课程的流动性，使课程顶层设计的意图、目的和目标能够传递给课程的最终对象——学生，为课程目标的实现提供了可能。当我们分别来看人和物的因素时，是从孤立、静态的角度来评价课程的。只有当我们从过程的角度来对课程进行观察和评价时，才是真正从动态的角度出发，对课程进行研读。当前的课程评价更多地停留于孤立的、静态的评价视角。事实上，课程是一个动态发展和传递的系统，只有综合静态和动态的视角，才能对课程进行完整、系统的评价。但是从动态的视角出发，对课程进行评价，对评价者和评价方法都提出了更高的要求。

1. 物—物互动

虽然课程体系中物是静态的因素，但是这些静态的因素之间仍然有密切的联系和重要的互动。以课程标准和教材为例，我国在国家层面有统一的课程标准，具体学科的教材可能有多套，但都必须以课程标准为基本依据进行编写。依据同样的课程标准编写的教材，对同样的学科知识体系会有不同的编排和设计，使用不同版本教材的师生会对教材有不同的评价。通过比较、分析两者之间的差别，我们可以看出教材编写者如何将宏观的课程意图内化到学科知识体系的各种理念与设计中。同样，课程标准和教师的教案、课件之间，教材和教案、课件之间都可能存在互动，通过对这些静态因素的动态比较分析，可以了解课程传递的过程信息。

2. 人—人互动

人本身就具有主观能动性，因此在课程体系中，人这个动态因素在不断地与其他因素发生互动，最直接的是人与人之间的持续互动。其中，师生间的互动是课程体系中最受人关注的环节。在课堂上，师生之间的互动直接决定着教师课程实施的成功与否，学生是否有效地掌握了课程知识。同样，教师与教育管理者之间也会发生大量互动。

3. 人—物互动

在课程体系中，人与物之间会发生大量互动。例如，教材编写者会研读课程标准的要求，根据课程标准设定的要求进行具体的学科知识编排与设计；教师会研读相关的课程政策文件、课程标准及教材，根据这些静态要素的内容，设计、安排自己的课程和教学；学生会阅读教材，依据教材进行预习和复习。

二、课程评价的主体

除了有被评价的对象，课程评价还需要有开展和实施评价的一方，即评价主体。从课程评价的角度来看，评价主体主要有两大类：课程体系内的评价者和课程体系外的评价者。不同的评价者，评价的目的不同，其所获得的评价结果也会不同。

(一)课程体系内的评价者

课程体系内的评价者是指评价主体本身就在课程体系内部，参与课程体系的运作，他们是课程评价主体的一个重要组成部分。从评价的客观性角度看，课程体系内部的评价者因为本身就参与课程的运作，有"既做裁判又做运动员"之嫌。但是，由课程体系内部人员承担评价工作有独特的优势。首先，内部人员熟悉课程，对课程设计、实施都有深入的了解，为课程评价的开展提供了便利。课程评价是针对具体学科进行的，而外部评价人员在学科知识和教学经验上的缺乏，使他们可能很难发现真正的问题，而课程体系内部人员则具有丰富的学科知识或者教学经验。其次，课程是一个动态的发展过程，只有内部人员才能够实时对课程动态过程进行监测，外部人员很难做到。最后，外部评价人员的介入，可能会对课程的正常运作造成干扰，而由内部人员担任评价者则可以将这种外在的影响降低到最小。

(二)课程体系外的评价者

课程体系外的评价者是指评价主体本身不属于课程体系，作为独立的第三方对课程各方面进行评价。一般而言，这些独立的第三方往往是高校、研究机构或测评机构。由课程体系外的第三方发起的课程评价有独特的优势。首先，它们掌握了成熟的测量与评价技术，拥有大量相关领域的专业技术人员，熟悉测量与评价原理，在专业理论与技术方法的应用上更科学，能够根据具体的评价目的和需求对课程体系的各个层面展开测评。评价工作的质量能够得到有效保证，减少因评价结果的误读而引起的各种误会。其次，第三方发起的评价独立于课程体系，不存在上下级关系对评价带来的影响，能够保证课程评价的客观、公正，且它们站在课程体系之外，对课程进行分析评价，能够发现课程体系内部人员看不到的问题。最后，由第三方完成的课程评价具有更高的公信力，能够被社会各界认同。

但同时，课程体系外的评价者开展课程评价也存在不足。首先，课程体系外的评价者对课程体系不熟悉，缺乏相应的学科知识，缺乏教学实践经验，在整个评价过程中对于一些问题不够敏感。其次，在整个测评中，外界测评的介入会对课程体系的正常运作产生影响。再次，由于缺乏对课程体系的深入了解，课程体系外的评价者在对结果的解读和阐释上可能会存在偏差。最后，课程是动态发展的过程，而由第三方主导的评价往往是横断式研究，只能获取课程体系发展过程中某一个或几个时间点上的信息。除此之外，第三方发起的课程评价通常会受到课程体系内部的抵制。

(三)课程评价主体的选择

人们在开展课程评价的过程中势必会面临这样一个问题：到底由谁来发起和开展课程评价？评价结果对涉及的所有评价对象都有直接而重要的影响。无论是由课程体系内部人员还是由课程体系外部人员承担，都各有优势和不足。对由谁发起课程评价这个问题，与具体的课程评价理念紧密相关。持形成性评价理念的人更支持由课程体系内部人员发起课程评价。因为课程是一个动态发展的过程，形成性评价是一个过程性评价，能在过程中及时给予反馈信息，直接改进课程的实施。形成性评价强调其结果是为组织内部服务和使用的，因此，由熟悉课程体系的内部人员发起评价更为合理和科学。

总结性评价主要在课程运作一定时间之后进行，评价结果能够提供课程质量的整体信息。总结性评价倾向于严格设计的评价方案，强调使用的测评工具的标准化、可靠性和有效性，强调对所评价课程的终结性结论。总结性评价常和问责、绩效评定结合在一起，因此，持总结性评价理念的人更赞同由课程体系外的评价者开展评价。

在宏观课程层面，相关政策实施一段时间之后，处于课程顶层的政策制定者需要对政策实施与执行情况进行评估，了解政策实施带来的效果和影响，根据评价的结果发现问题，及时进行相应的调整，或者将评估结果作为其制定下一阶段政策的重要依据。这些课程评价通常在国家或区域层面进行，而且政策制定者与被评价的课程对象有直接的隶属关系，若由课程体系内的人员开展课程评价，有时候很难获得完全客观的信息。为了保证结果的公正与可信度，国际上的主要做法是由专业的第三方机构来承担。例如，TIMSS 在国际层面对世界各国和地区课程体系的研究，是由国际教育评价协会来承担与开展的。又如，受德国各州文化教育部长联席会议的委托，德国洪堡大学教育发展研究院负责德国教育质量监测工作的组织管理。

用于教学诊断的课程评价更多地由课程体系内部的相关人员来完成。区域和学校层面的课程评价既可由第三方完成，也可由课程体系内部人员完成。随着评价技术的不断发展与成熟，各种课程评价理念不断融合，取长补短，当前的课程评价越来越强调由课程体系内外部人员共同合作完成，充分发挥不同评价主体的优势，避免各自的不足，保证课程评价的效果。

课程评价主体的选择，需要综合考虑评价目的、评价理念、具体评价对象所处的课程层级等多方面因素而定。不同评价主体实施评价具有不同的优势与不足，课程体系内外部人员共同开展评价将会是课程评价的一个重要发展趋势。

三、小结

结合第三章介绍的各种课程评价方法与本节所介绍的各类课程评价对象，本部分进行了一个系统的总结，具体见表 4-1。可以看到，不同的课程评价方法适用对象不同，但无论是课程体系的内部人员还是外部人员，均可以采用这些方法对课程系统进行评价。

表 4-1 课程评价方法小结

			评价方法											
			专家意见法	文本分析法	主题追踪法	教材图示化	观察法	访谈法	非文本内容分析法	档案袋评价法	问卷调查法	德尔斐法	学业成就测试	实验法
评价对象	物	课程文件	√	√	√							√		√
		教材	√	√	√	√			√			√		
		教案与课件	√	√								√		
		学生成果	√	√								√		
		其他材料	√	√					√			√		
	人	教师	√				√	√			√	√		
		学生	√				√	√		√	√		√	√
		教育管理者	√				√	√			√	√		
		其他人员	√		√							√		
	过程	物—物互动	√	√								√		√
		人—人互动	√				√	√				√		
		人—物互动	√				√	√				√		√

第四节 我国课程评价模型的落实

本章第二节构建了我国课程评价模型，第三节则对模型的可操作化进行解说，对课程体系中可能作为评价对象的元素及评价主体进行了系统的分析与介绍，并和之前介绍的评价方法进行了对应。课程体系最终会落实到具体的学科，因此，本节聚焦于如何将课程评价模型落实到具体学科。

一、模型的落实

数学是学生从入学起就开始接触的基础学科，是国民科学素养的核心和基础，是公民素养的重要组成部分，各国都非常重视本国青少年儿童数学素养的培养与发展。综观目前的国际比较研究可以发现，数学是这些研究共同关注的学科之一。已有大量成熟的测量与评价方法和研究成果供借鉴和学习，有利于进行国际比较。我国课程改革实施以来，虽然有大量数学学科的相关研究，但这些研究大多从课程的某个层面进行分析，很少将课程作为一个完整的系统来看待，忽视了课程内部相互之间的复杂关系，使得研究结果缺乏生态效度，甚至对实践产生误导。因此，下文选择数学学科作为我国课程评价模型落实的切入点，以小学数学学科为例，具体说明课程评价模型如何落实到具体学科。

(一)宏观课程层面

就数学学科而言，全国统一使用的《义务教育数学课程标准(2011年版)》是宏观课程层面最为重要的纲领性文件，它对小学数学课程各个方面做出了具体的要求，起到了统领性作用。这个文件是课程、数学教育、教育和心理等多领域专家根据国家的教育总目标，结合小学阶段学生的认知发展特点与学习特点，按照数学学科特有的知识体系设计与编制的。此外，《义务教育课程设置实验方案》对小学阶段数学课程的课时安排给出了具体的要求和建议。因此，上述静态文本材料和参与材料制定的相关人员都是本层面可测量与评价的对象。宏观课程层面的这些材料是基于国家当前阶段特定的社会发展现状制定的，应当将其置于我国当前整体的社会环境中进行思考与评价。

(二)中观课程层面

中观课程层面是对宏观课程的具体和细化。在这个层面，最重要的材料是教材。从2001年新一轮课程改革起，我国不再使用统一的教材，教材的编写权力下放。[1] 2019年，通过审批，在全国范围内正式可使用的小学数学教材共有7套(仅指六三学制)。[2] 教材在整个课程体系中起到了承上启下的桥梁作用，肩负着将课程标准的意图传递到微观课程层面的责任。除教材之外，与教材配套的教师参考用书也是本层面的一个重要材料。它是对教材的进一步诠释，对教材编排的意图、目的有更深入

---

[1] 2019年起，全国小学、初中的语文、历史、道德与法治学科采用教育部统编教材。

[2] 教育部办公厅:《教育部办公厅关于印发2019年中小学教学用书目录的通知》，http://www.moe.gov.cn/srcsite/A26/moe_714/201906/t20190605_384649.html，2019-10-10。

细致的说明，对课程的实施有更细致的设计，对教师的教学有重要的指导作用。教材、与教材配套的教师参考用书、教材编写者等是本层面重要的测量与评价对象。同样，无论是教材还是与教材配套的教师参考用书，在编写时都会受到其所处社会环境的整体影响。

（三）微观课程层面

微观课程层面是真实发生在课堂教学过程中的最具体的课程层面，教师和学生是本层面最重要的两个角色。教师发挥着主导作用，是课程实施的发起者、组织者和落实者。课程内容只有通过教师才能传递给学生。由于所持的理念不同，教师会对教材进行不同的选择、使用和诠释。教师如何根据课程标准、教材以及结合自身的素养将课程的内容传递给学生，直接决定着学生获取课程知识的效果。但学生也不是完全被动地接受课程，他们与教师之间有大量的互动和相互影响。学生的反馈会对教师的课程实施产生各种影响，并实时塑造着教师的课程实施行为。同时，教学过程中所使用的各种文本材料、学生完成的作业、参加的考试以及与数学学科有关的学校管理人员、数学教研员等都是本层面测量与评价的重要对象。本层面的课程受到多个层面的环境影响，包括教学具体发生的班级环境、班级所在的学校环境、学校所处的区域环境，以及教师自身的背景特点、学生的个性特点和家庭环境等。

（四）课程各层面间的关联

从我国课程评价的模型中可以看到，课程的三个层面之间存在着传递关系。宏观课程统领整个课程体系，其所预设的各种要求通过中观课程和微观课程传递，并最终被学生习得。中观课程不仅受到宏观课程的约束，同时还对微观课程产生重要的影响。微观课程在受到宏观课程与中观课程影响的同时，还有自己的运作机制。课程的三个层面之间交互影响以及不同层面两两之间的影响，都会对学生的课程习得产生重要影响，决定着课程效果。不同层面之间的关联分析是课程评价的一个重要部分。以数学为例，宏观层面的课程标准对中观层面的教材和微观层面的教师都有重要的约束与指导作用，教材对教学有重要影响，教学过程除了受到课程标准、教材等的影响，还有自己特定的规律与机制，这些互动最终决定着课程的效果。

（五）课程环境

整个课程模型都处于具体的情境之中，模型中每一个层面所处的具体环境又各有特点。宏观课程主要受到整体的社会环境影响，中观课程受到其所处的具体区域环境的影响，微观课程还会受到学生和教师的个人特质、班级和学校环境的影响。而最终呈现出来的课程效果，即学生习得的课程还会受到学生个体与其特有的家庭环境的影响。

（六）我国小学数学课程评价模型

下面以小学数学为例，通过对课程评价对象的逐层梳理和对课程环境的分解，得到了我国小学数学学科的具体评价模型，见图4-5。

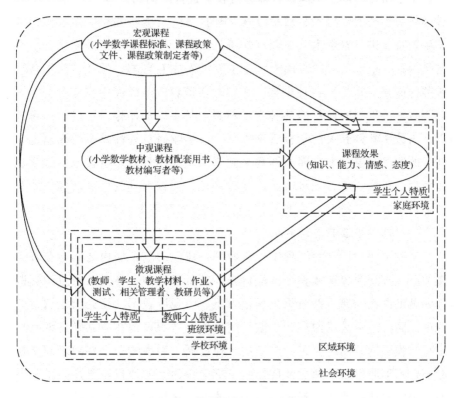

图4-5 小学数学课程评价模型

二、小学数学课程评价方法的选择

课程评价模型落实到具体学科之后，评价的对象明确，对每一个对象可能使用的评价方法便可以一一确定，同一评价对象可能有多种评价方法，可根据具体的评价目的、现实条件等因素综合考虑并选择。

在小学数学课程评价模型中，宏观层面的课程政策文件、中观层面的小学数学教材及教材配套用书等静态的课程材料可用文本分析法、教材图示化、主题追踪法、专家意见法和非文本内容分析法等进行系统的测量与评价。宏观层面的课程标准和课程政策制定者，中观层面的教材编写者，微观层面的教师、相关管理者和教研员则可通过观察法、访谈法、专家意见法、问卷调查法、德尔斐法等进行测量与评价。微观层面的学生则可以通过观察法、访谈法、问卷调查法、学业成就测试、档案袋评价法等进行测量与评价。课程各层面之间的相互关联可以通过专家意见法、文本分析法、访谈法、问卷调查法、德尔斐法、实验法等进行测量与评价。但需要指出的是，在真实的教育环境中，很难使用严格的实验法实现对课程体系的测量与评价。在此基础之上，可以使用多水平线性模型、结构方程模型等多元统计分析方法，实现对课程体系的整体建模，从系统的角度出发，探索课程体系的运行机制。

三、分析框架的确立

课程是一个复杂的体系，要实现对课程体系的系统测量与分析，必须采用一个统一的分析框架对课程各个层面进行剖析，在分层研究的基础上进一步探索课程体系各层面之间的相互关系，探索课程体系的运行机制。对数学课程体系的每个层面进行分析可以发现，其所涉及的课程具体内容详略程度并不相同。从课程的最顶层——宏观课程到课程体系的底层——微观课程，课程变得越来越具体和细化。要实现课程体系的完整分析，就必须对课程各个层面采用一个统一的分析框架，这对分析框架的设定提出了较高的要求，即这个框架必须具有足够的弹性，既能够实现对宏观课程的分析，又能实现对具体细化后的课程的区分。换言之，它应当是与课程模型相对应的从宏观到微观的一个多层级框架。

小学数学课程集知识内容、能力、情感态度三维于一体，可以从三维的任何一个角度进行评价分析。三个维度相比较而言，数学课程的知识内容维度体系完善、逻辑清晰，可以从宏观到微观进行多层级的划分，能够与课程评价模型的体系划分进行有效对应。而能力维度的划分存在多种理论，根据不同的理论，关于能力的划分存在多种可能，从宏观到微观层级的划分不像知识内容维度那样能够与课程评价模型进行很好的贴合。而情感态度维度无论从本身的逻辑架构、理论依据还是从宏观到微观的划分等各方面，都比能力维度更不成熟。虽然 TIMSS 集合了 50 多个参与国和地区的大量课程专家，对各个参与国和地区的数学课程体系(小学到高中)从各层面进行了深入分析，提出了一个囊括内容、认知和态度三维的三级指标体系，试图对数学课程进行全面分析。但在实践中，它也仅在内容维度实现了分析，其他两个维度仍停留于理论层面，仍需大量理论与实证研究。

在已有的国际比较研究中，有关数学课程的测量与评价结果均在内容维度进行。因此，综合考虑评价的可操作性、客观性、跨文化比较等多方面因素，本书以小学数学学科的内容维度作为切入点，构建起一个能与课程评价模型相匹配的分析框架，以实现对小学数学课程的系统测量与评价，具体见表 4-2。

表 4-2　小学数学内容分析框架

一级指标	二级指标	三级指标
数与代数	整数	整数意义
		整数运算
		整数运算律
	分数与小数	分数
		小数
		分数与小数关系
		分数与小数的运算律
		百分数
	有理数与实数	负数、整数及特点
		有理数
		实数、实数子集及特点

续表

一级指标	二级指标	三级指标
数与代数	其他数概念	数论
	估计与数感	量的估计
		估算
		近似与有效数字
	比例	比例概念
		比例应用
	函数、关系与方程	规律、关系与函数
		式与方程
图形与几何	测量	测量单位
		周长、面积与体积
		估测
		尺规作图
	图形与位置	图形的基本元素
		平面几何
		立体几何
		方向与位置
	图形的运动	图形转换
统计与概率	数据统计	—
	可能性	—

注："—"表示无三级指标。

第五章 课程的分层测量与评价

根据第四章所建构的课程评价模型，本章分别从宏观课程、中观课程和微观课程三个层面，实现对我国小学数学课程的分层测量与评价。鉴于数学学科知识体系的一致性，基于与国际比较研究一致的分析框架，我们将对三个层面的课程测量结果进行国际比较，从而为课程的改进与反思提供新视角。

第一节 宏观课程的评价

宏观课程位于课程体系的顶层，是课程体系中政策决策的体现，直接指导和规范课程其他各层面，决定了整个课程体系的性质与特点。对宏观课程的测量是对课程其他各层面进行分析的基础，能够为其他课程层面的评价和课程效果的评估提供依据。我国具有全国统一的课程标准，它是宏观课程层面最核心也最常被评估的文本材料，直接指导和规范教材的编制、教师课程的实施，影响着学生最终的课程学习效果。本节以小学数学课程标准为分析对象，介绍相应的评价研究。

我国从 2001 年开始实施课程改革，将宏观课程层面使用的材料从之前的教学大纲改为课程标准，2011 年，又对课程标准进行了修订。因此，本节将 2001 年版和 2011 年版的《义务教育数学课程标准》中的小学数学课程标准作为研究对象，进行系统分析与比较。1995 年，TIMSS 对其参与国和地区的课程进行了系统分析与比较，是迄今为止唯一在国际层面进行宏观课程比较分析的国际项目，其海量的数据分析结果能为我们提供丰富的信息。本节还将结合 TIMSS 的相关研究结果，从国际比较研究的角度出发，审视与反思我国宏观课程的分析与评价。

一、宏观课程的相关国际研究回顾

TIMSS 研究发现，除美国、澳大利亚和比利时外，其他参与国都有国家层面的统一课程，并且定期更新目标课程。1995 年，在八年级，27个使用数学课程标准近五年的参与国和地区中，有半数以上已对其课程标准进行修订；24 个使用已经超过五年的国家和地区中，有 18 个正在修订其课程标准。在四年级，20 个使用数学课程标准近五年的参与国和地区中，有半数左右已对其课程标准进行修订；9 个使用已经超过五年的国家和地区中，有 5 个正在修订其课程标准。①

有研究者分析了 TIMSS 的数学高成就国家（新加坡、韩国、日本、比利时、捷克）和中国香港地区的数学目标课程的内容，特别是半数以上国家和地区涉及的知识点的分布模式，发现它们的数学课程内容呈现出鲜明的特点：严密性、一定的年级跨度和连续性。随着年级的升高，这些国家和地区介绍的知识点数量逐步增长。低年级时主要是算术方面的知识内容，之后开始关注测量、几何、代数、概率与统计方面的知识内容，即随着年级的升高，关注点从初级数学知识内容开始扩展到较为高级的知识内容。这种课程内容的安排体现了整个数学课程体系设计的严密性。一定的年级跨度表现为目标课程所要求的知识内容中，有一半以上的知识点要求教学的时间至少为三年。连续性则表现为一旦开始介绍某一个知识点，直到介绍完为止，这个知识点在各个年级之间是连续分布的，没有出现过中断。②

有研究者通过对美国数学课程标准与 TIMSS 高成就国家和地区的课程模式的比较发现，美国各个州的数学课程内容呈现出来的是一个散乱

---

① William H. Schmidt, Senta A. Raizen, Edward D. Britton, Leonard Bianchi & Richard G. Wolfe, *Many Visions, Many Aims: A Cross-National Investigation of Curricular Intentions in School Mathematics*, Boston, Kluwer Academic Publisher, 1997, pp. 45-57.

② William H. Schmidt, Hsing Chi Wang & Curtis C. McKnight, "Curriculum Coherence: An Examination of US Mathematics and Science Content Standards from an International Perspective", *Journal of Curriculum Studies*, 2005, 37(5), pp. 525-559; Gilbert A. Valverde & William H. Schmidt, "Greater Expectations: Learning from Other Nations in the Quest for 'World-Class Standards' in US School Mathematics and Science", *Journal of Curriculum Studies*, 2000, 32(5), pp. 651-687.

的模式，即每个年级涉及大量的知识，年级间知识点的重复性高，且知识点的安排缺乏逻辑性和严密性。其他研究者在美国各州数学课程标准的比较研究中也发现了类似问题。[1] 因此，美国的数学课程被形象地比喻为"一英里宽一英寸深"。国家数学教师协会在 2000 年就明确提出："课程不仅仅是由一系列活动构成的，它还必须是对数学知识的跨年级的精心设置，这种设置是连续的与聚焦的。"[2]

1998—2000 年，英国资格与课程发展署（Qualifications and Curriculum Development Agency，QCDA）对国家课程的实施情况进行了一轮调查。调查结束后，其向教育部建议，国家课程应该保持一定的稳定性，学段与学科设置、课程标准、考试方式和安排等都不能变动过于频繁，以五年左右为一个周期做一次小改比较恰当。QCDA 建议在以下六个方面对原国家课程进行修改：加强国家课程的理论基础，扩大国家课程的包容性；课程标准的表述应有统一的规范，向学校和教师提供更充分的说明，用新的课程理念统合国家课程，提倡跨学科课程的学习。[3]

二、我国小学数学课程标准的测量

课程标准、教学大纲是文本材料，适合使用专家意见法、文本分析法、主题追踪法和德尔斐法等测量方法。其中，文本分析法若能建立起科学的分析框架，并对所要分析的要素给出合理的操作性定义，那么无论由谁来分析，信度和效度都能够得到保证。因此，本节采用文本分析法，从结构和内容两个方面对我国 2001 年版和 2011 年版课程标准进行解构与分析。[4]

① Catherine Randall Kelso，Alison Castro Superfine & Susan Beal，"Examining the Process of Developing A Research-Based Mathematics Curriculum and Its Policy Implications"，*Educational Policy*，2010，24(6)，pp. 908-934.

② Leland Cogan，William H. Schmidt & David E. Wiley，"Who Takes What Math and in Which Track? Using TIMSS to Characterize US Students' Eighth-Grade Mathematics Learning Opportunities"，*Educational Evaluation and Policy Analysis*，2001，23(4)，p. 323.

③ Sylvia Green，Tim Oates，"Considering Alternatives to National Assessment Arrangements in England: Possibilities and Opportunities"，*Educational Research*，2009，51（2），pp. 229-245；高凌飚：《课程与教学质量监控——英国的经验对我们的启示》，载《教育研究》，2004(8)；高凌飚：《英国基础教育质量管理的考察报告》，载《学科教育》，2001(7)。

④ 王烨晖、辛涛、边玉芳等：《TIMSS 视角下我国小学数学目标课程的比较研究》，载《课程·教材·教法》，2012(4)。

（一）结构分析

为了与 1995 年 TIMSS 的分析结果进行国际比较，在结构分析中，我们以 TIMSS 的结构框架为基础，对我国课程标准进行预分析：首先，在宏观的单元结构层次，即课程标准的目录层次，对课程标准进行解构；其次，对每一个单元结构，即课程标准的具体内容，在每一级目录标题下进行区块层面的解构。通过预分析发现，教材编写指导是我国课程标准的一个重要部分，而在 TIMSS 的框架中，它并没有被单列为一种区块类型，因此，我们对框架进行了修订，以便更好地适应我国课程标准的分析。从预分析的结果来看，宏观层面的单元结构和微观层面的区块结构是比较像的，修订后的框架见表 5-1。课程标准囊括了小学和初中阶段的内容，在结构上将其人为拆分不妥，因此，在结构分析部分，我们对课程标准进行了完整的结构分析。

表 5-1　我国课程标准结构分析的框架

层面	单元或区块
宏观层面的单元结构	导论、政策、课程目标、课程内容、教学方法、评价、教材、课程资源、实践活动、附录
微观层面的区块结构	政策、课程目标、课程内容、教学建议、例题、评价建议、教材编写建议、课程资源、实践活动、其他

1. 宏观层面的单元结构分析

划分课程标准单元结构有助于我们对课程标准本身进行深度解读与分析。在所划分的单元结构中，"政策""课程目标""课程内容"和"教学方法"最能体现课程标准的核心与特点。其中，前三类单元体现出课程标准的指导性与规范性，突出了课程标准的权威性；而"教学方法"则是前三类单元起辅助作用，能够更好地实施和达成前三类单元的内容与目标。通过对课程标准单元结构比例的分析，可以更明确地了解课程标准的定位——权威规范性作用或指导辅助性作用。具体分析结果见表 5-2。

表 5-2　课程标准单元结构分析结果　　　　　　单位：%

单元	页码比例	
	2001 年版	2011 年版
导论	2.0	1.5
政策	2.9	3.8
课程目标	5.9	6.1
课程内容	33.3	18.9
教学方法	16.7	7.6
评价	12.7	5.3
教材	18.6	6.1
课程资源	2.9	3.8
实践活动	4.9	0.8
附录	—	46.2

注：①页码比例是指该单元所占的页码数与课程标准总页码数的百分比。由于四舍五入保留一位小数，总和不一定为 100%。

②"—"表示无该项内容。

从单元结构分析来看，除 2001 年版课程标准没有"附录"外，2001 年版和 2011 年版课程标准的结构相似。从页码数来看，课程标准的页码数从 2001 年版的 102 页增加到了 2011 年版的 132 页。比较发现，2011 年版课程标准中有很大比例的附录内容，这些附录内容主要是将 2001 年版课程标准中"课程内容"部分的具体例题统一转移到"附录"中集中排列，同时还增添了大量实例。这样的调整使得课程标准正文部分的结构更为紧凑，整体思路更清晰，增加了可读性。

在我国数学课程标准中，"课程内容"是课程标准最核心的部分，除"附录"外，它所占页码比例最高，明确论述了义务教育阶段数学学科应当教授的内容及培养的能力。在两个版本的课程标准中，起指导与规范作用的"政策""课程目标"和"课程内容"三个单元项目的页码比例之和分别为 42.1%（2001 年版）和 28.8%（2011 年版）；起辅助作用的"教学方法"单元项目的页码比例分别为 16.7%（2001 年版）和 7.6%（2011 年版）。

从单元结构的项目构成来看，我国数学课程标准中的"政策""课程目标"和"课程内容"三个单元的页码比例较高，发挥着重要的权威规范性作用。"教学方法"的页码比例仅次于"课程内容"的页码比例，能够为课程的实施、教师的教学提供更多的指导与帮助。总体来说，我国的数学课程标准集权威规范性与指导辅助性作用于一身，但权威规范性的角色更为突出。

TIMSS 对 39 个参与国和地区进行的宏观课程分析发现，不同国家和地区的课程标准肩负的责任各异。其中，爱尔兰、拉脱维亚和新加坡三个国家的课程标准主要是起指导辅助性作用；俄罗斯的课程标准集权威规范性与指导辅助性作用于一身，但是权威规范性的作用更突出；在剩余的参与国和地区中，美国、加拿大、德国、丹麦、韩国、日本等 27 个参与国和地区的课程标准均体现出明显的权威规范性作用。[1]

相比之下，我国数学课程标准的角色定位和俄罗斯比较相似。新中国成立初期，在课程体系设置和建设方面主要是模仿苏联，直到 20 世纪 80 年代才逐步开始探索有中国特色的课程体系。从比较分析结果可以看出，我国的课程标准仍然继承了传统特色。

2. 微观层面的区块结构分析

通过单元结构的分析，我们对课程标准的结构及其定位有了明确的认识，但单元是一个比较宏观的结构，将每一个单元结构细分为区块，能够深入了解课程标准在内容组织和安排上的意图。

通过对 2001 年版和 2011 年版课程标准的区块分析发现，两者的区块结构相似，区块比例分布也非常接近(见表 5-3)。"课程内容"是课程标准最核心的部分，其次是"例题"区块，两者合起来占了课程标准的一半以上。此外，"课程目标"也是课程标准的一个重要构成部分，具体论述了义务教育阶段总体及各个学段数学课程所应达到的目标。其他类型的区块比例均在 10% 以下，主要是为上述几个核心区块提供相应的指导与说明。

---

① Gilbert A. Valverde & William H. Schmidt, "Greater Expectations: Learning from Other Nations in the Quest for 'World-Class Standards' in US School Mathematics and Science", *Journal of Curriculum Studies*, 2000, 32(5), pp. 651-687.

表 5-3　课程标准区块结构分析结果　　　　　　　　单位:%

区块类型	区块比例	
	2001 年版	2011 年版
政策	0.3	0.2
课程目标	11.1	12.8
课程内容	41.8	46.0
教学建议	9.7	5.5
例题	18.0	16.3
评价建议	5.4	4.4
教材编写建议	7.8	7.6
课程资源	2.0	2.7
实践活动	2.0	1.8
其他	2.0	2.7

注:区块比例是指每一类区块数目占区块总数的百分比。由于四舍五入保留一位小数,总和不一定为 100%。

从表 5-2 和表 5-3 可以看出,我国数学课程标准的结构如下:"课程目标"单元的绝大部分由"课程目标"区块构成;"课程内容"单元主要有"课程内容"区块,并辅以一定量的"例题"区块和"教学建议"区块;而"教学方法"单元则以"例题"区块为主,"评价建议"和"教材编写建议"区块次之,"教学建议"区块所占的比例最少。对区块构成的分析,能够帮助我们了解各个单元内容安排与组织的策略。TIMSS 对 9 个参与国和地区的课程标准中的"教学方法"单元的区块结构进行分析发现,除了西班牙的"教学方法"单元由单一的"教学建议"区块构成外,其他 8 个参与国和地区的该单元都由多类区块构成,但区块构成比例在各个参与国和地区之间存在很大的差异,这反映出不同参与国和地区在课程标准内容组织上的不同策略和关注点。需要指出的是,区块是对单元的进一步细分,不同的区块所占的页码比例不同,因而不能从区块比例得出绝对的论断。[1]TIMSS 发现,在体现课程标准权威规范性作用的单元结构中经常会包含

---

[1]　Gilbert A. Valverde & William H. Schmidt, "Greater Expectations: Learning from Other Nations in the Quest for 'World-Class Standards' in US School Mathematics and Science", *Journal of Curriculum Studies*, 2000, 32(5), pp. 651-687.

起指导辅助性作用的"教学建议"之类的区块，而在体现课程标准指导辅助性作用的单元结构中经常会包含体现权威规范性作用的"课程目标""课程内容"等区块。在我国小学数学课程标准中，体现权威规范性作用的"课程内容"单元中包含了体现指导辅助性作用的"教学建议""例题"区块，但在体现指导辅助性作用的"教学方法"单元中并没有包含体现权威规范性作用的区块。

除此之外，我国课程标准中另一个重要特点是对教材编写的建议。TIMSS 研究中并未将有关教材编写的内容列为一个单独的区块，这说明该内容并不是绝大部分参与国和地区共有的内容。而我国小学数学课程标准中有很大一部分内容是关于教材编写方面的建议，这和我国课程改革后放宽教材编写、引进教材竞争机制密不可分。课程标准中关于教材编写方面的建议能为教材编写提供一些清晰的思路与引导，在一定程度上规范教材的内容。

（二）内容分析

在内容分析中，本节仅对课程标准中涉及小学数学的内容进行系统分析与比较。为了更好地分析、比较我国小学数学宏观课程的发展变化，本部分还对 2000 年的《九年义务教育全日制小学数学教学大纲（试用修订版）》（以下简称"2000 年版教学大纲"）中的数学内容进行了分析。新课程改革之后，课程标准按学段，将一～三年级、四～六年级分别划分为第一学段和第二学段，因此，内容分析也按照这两个学段分别进行，2000年版教学大纲的内容分析仍然按照年级进行。具体结果见表 5-4。

通过对课程标准的分析发现，在本书所构建的内容分析框架上，第一学段要求教学的知识内容少于第二学段，2001 年版和 2011 年版课程标准在内容要求上没有大的变化，唯一的改动是 2011 年版课程标准不再对第一学段的"可能性"这个知识点进行教学。若将 2001 年版和 2011 年版课程标准的"课程内容"部分进行逐字比较，可以发现，2011 年版课程标准在部分细微的知识内容上进行了删、改、增。可见，内容分析可以在不同知识层面进行，可以是比较宏观的知识层面，也可以是非常具体的知识层面，需要根据具体的分析目的进行。

2000 年版教学大纲根据年级来规定内容，而课程标准则根据学段。

表5-4　三个课程标准的文本内容分析结果

课程内容		2000年教学大纲						2001年版课程标准		2011年版课程标准	
		一年级	二年级	三年级	四年级	五年级	六年级	第一学段	第二学段	第一学段	第二学段
数与代数	整数意义	●	●		●			●	●	●	●
	整数运算	●	●	●	●			●	●	●	●
	整数运算律			●	●				●		●
	分数			●	●	●	●	●	●	●	●
	小数				●	●	●	●	●	●	●
	分数与小数关系					●	●		●		●
	百分数						●		●		●
	分数与小数的运算律				●	●	●		●		●
	负数、整数及特点				●				●		●
	数论					●			●		●
	比例概念						●		●		●
	比例应用						●		●		●
	规律、关系与函数							●	●	●	●
	式与方程				●				●	●	●
	量的估计	●			●	●		●	●	●	●
	估算					●			●	●	●
	近似与有效数字								●		●

续表

课程内容		2000年教学大纲						2001年版课程标准		2011年版课程标准	
		一年级	二年级	三年级	四年级	五年级	六年级	第一学段	第二学段	第一学段	第二学段
图形与几何	测量单位	●	●	●		●		●	●	●	●
	周长、面积与体积			●	●	●	●	●	●	●	●
	估测						●		●		●
	图形的基本元素	●	●		●			●	●	●	●
	平面几何	●		●	●	●	●	●	●	●	●
	立体几何	●				●	●	●	●		●
	方向与位置							●	●	●	●
	图形转换		●						●		●
	尺规作图				●	●	●		●	●	●
统计与概率	数据统计	●	●	●	●	●	●	●	●	●	●
	可能性							●	●		●
合计		6	6	6	14	13	11	17	27	16	27

为了实现两者的可比性，我们将 2000 年版教学大纲一～三年级、四～六年级的知识内容要求进行合并，与 2001 年版课程标准的内容分布进行比较。总体而言，2000 年版教学大纲在两个学段所要求的知识内容（分别为 10 个和 23 个）少于课程标准所要求的内容，但两者之间共同的知识点数量较多，可以看到两者在第一、第二学段分别有 9 个和 22 个相同的知识内容。相比较而言，课程改革之后，在原有课程内容的基础上，课程标准要求小学数学学习的知识内容增多了。

（三）国际比较

1. 内容比较

1995 年，TIMSS 对其参与国和地区的课程体系进行了系统的比较和分析。美国研究者在此基础上，对包括新加坡、韩国、日本、比利时和捷克 5 个数学表现最为优异的国家和中国香港地区的课程标准进行了比较和分析，从中获得了大量有益的启示，为美国的课程改革提供了有力的依据与明确的方向。[1]

将我国内地宏观课程的内容与这些 TIMSS 高成就国家和地区宏观课程内容进行比较，结果见表 5-5。表中"TIMSS 高成就国家和地区"部分的圆点表示至少有 1 个国家或地区涉及了该知识点，即以这 5 个国家和 1 个地区的课程标准中所涉及的内容并集呈现。从中可以看出，随着年级的增长，这些国家和地区要求教学的知识点数量也在稳步增长。将这些 TIMSS 高成就国家和地区课程标准中涉及的知识点内容按照我国内地的学段进行合并，结果发现，在第一学段，这些国家和地区共涉及 15 个知识点，第二学段共涉及 25 个知识点，略少于我国内地课程标准所要求的知识点数量。从具体的内容来看，我国与 TIMSS 高成就国家和地区在第一、第二学段所涉及的相同知识点分别为 11 个和 23 个，随着学段的升高，我国内地课程内容与 TIMSS 高成就国家和地区的课程内容吻合度明

---

① Gilbert A. Valverde & William H. Schmidt, "Greater Expectations: Learning from Other Nations in the Quest for 'World-Class Standards' in US School Mathematics and Science", *Journal of Curriculum Studies*, 2000, 32(5), pp. 651-687; William H. Schmidt, Hsing Chi Wang & Curtis C. McKnight, "Curriculum Coherence: An Examination of US Mathematics and Science Content Standards from an International Perspective", *Journal of Curriculum Studies*, 2005, 37 (5), pp. 525-559.

表 5-5 宏观课程内容设置的国际比较

内容	2000年版教学大纲 一年级	二年级	三年级	四年级	五年级	六年级	2001年版课程标准 第一学段	第二学段	2011年版课程标准 第一学段	第二学段	TIMSS高成就国家和地区 一年级	二年级	三年级	四年级	五年级	六年级
整数意义	●	●							●		●	●	●	●	●	
整数运算	●	●	●				●		●	●	●	●	●	●	●	●
整数运算律				●					●						●	●
分数				●	●	●		●	●	●			●	●	●	●
小数			●		●	●		●	●	●			●	●	●	●
分数与小数关系				●	●	●		●	●	●						●
百分数						●		●		●						●
分数与小数的运算律				●	●	●		●	●	●					●	●
负数、整数及特点					●	●		●		●						●
数论					●				●							●
比例概念						●		●		●						●
比例应用						●		●		●						●
规律、关系与函数						●				●						●
式与方程				●	●	●	●	●	●	●	●	●	●	●	●	●
量的估计		●	●	●	●	●	●	●	●	●	●	●	●	●	●	●
估算	●	●		●	●				●	●					●	●
近似与有效数字				●	●		●		●	●					●	●

（数与代数）

续表

		2000年版教学大纲						2001年版课程标准		2011年版课程标准		TIMSS高成就国家和地区					
内容		一年级	二年级	三年级	四年级	五年级	六年级	第一学段	第二学段	第一学段	第二学段	一年级	二年级	三年级	四年级	五年级	六年级
测量单位		●	●	●	●	●		●	●	●	●	●	●	●	●	●	●
周长、面积与体积		●	●	●	●	●	●	●	●	●	●	●	●	●		●	●
估测					●	●	●	●	●	●	●					●	
平面坐标								●	●	●	●					●	●
图形与几何	图形的基本元素		●		●	●		●	●	●						●	●
	平面几何	●	●	●	●	●	●	●	●	●	●	●	●	●	●	●	●
	立体几何	●				●	●	●	●	●	●		●	●		●	●
	方向与位置						●	●	●	●	●						
	图形转换							●	●	●							●
	尺规作图		●	●					●	●	●						
统计与概率	数据统计			●	●	●	●	●	●	●	●	●	●	●	●	●	●
	可能性							●	●	●	●						
合计		6	6	6	14	13	11	17	27	27	16	9	10	15	16	22	22

注：表中"近似与有效数字"知识点仅在2000年版教学大纲中出现，"估测"对应TIMSS框架中的"估计与误差"，"平面坐标"为TIMSS独有，"数据统计"对应TIMSS框架中的"数据解释与分析"，"可能性"对应TIMSS框架中的"不确定与概率"。

显提升。

将这些 TIMSS 高成就国家和地区的宏观课程内容与我国 2000 年版教学大纲的内容进行比较分析，可以发现：首先，从所设计的知识点数量来看，在课程改革之前，我国小学数学规定的课程内容少于这些TIMSS 高成就国家和地区，随着年级的升高，这种差距增大；其次，从所要求的知识内容来看，两者之间的重合较大，我国课程改革前要求教学的知识内容基本是这些高成就国家和地区的一个子集，仅在一、二、四、五年级有 1~2 个知识点没有与这些高成就国家和地区重合。

2. 分布模式比较

研究者对 TIMSS 前述的高成就国家和地区的课程标准内容做了进一步分析，将其中半数以上国家和地区所涉及的知识内容进行提炼，并重新排列，发现这些知识内容的分布具有鲜明的特点。从一年级到五年级，这些国家和地区主要关注算术部分，包括整数概念与计算、分数与小数及估算。七年级、八年级主要关注更复杂的代数和几何的相关内容。而五年级、六年级则正好处于初级算术知识向高级代数和几何知识过渡的阶段，对算术知识的介绍更为全面和深入，同时开始引入代数和几何知识。即随着年级的升高，关注点从初级数学知识内容开始扩展到较为高级的知识内容，这种课程内容的安排体现了整个数学课程体系设计的严密性和逻辑性。

同时，研究者还发现，在这些 TIMSS 高成就国家和地区共同关注的知识点上，年级之间的分布呈现了鲜明的连续性。从表 5-6 可以看出，一旦开始介绍某一个知识点，直到介绍完为止，这个知识点在各个年级之间一般连续呈现，没有中断。这样能够有效保证学生对这个知识点内容的熟悉度，不会因为知识点的教学中断导致已学知识内容的遗忘。在小学阶段，半数以上的 TIMSS 高成就国家和地区共同涉及的 22 个知识点中，有 12 个知识点的年级连续跨度在 3 年及以上，且部分知识点还将会在中学继续教授，年级连续跨度更大。总体而言，在小学阶段，有一半以上的知识点的年级连续跨度至少为 3 年。[①]

课程标准按学段来规定课程内容，每一个学段包括 3 个年级。课程标准并没有对某一学段中知识内容在某个年级的具体分布做出规定，因此，我们仅对 2000 年版教学大纲与 TIMSS 高成就国家和地区的各年级内容分布模式进行比较分析，具体见表 5-6。

从严密性来看，我国 2000 年版教学大纲的知识内容分布与 TIMSS 高成就国家和地区比较像，即低年级时主要关注基础性知识内容，随着年级的升高，逐步开始关注代数、概率统计等较为高级的数学知识内容。对于"图形的基本元素""平面几何""周长、面积与体积""估算"4 个知识点，我国 2000 年版教学大纲从低年级就开始要求教授，而半数以上的 TIMSS 高成就国家和地区则直到中高年级才开始教授。

从整体内容的分布来看，2000 年版教学大纲显得相对松散，具体表现在连续性和持续性两个方面。在连续性上，2000 年版教学大纲所涉及的 23 个知识点中，有 7 个知识点在年级间的分布出现了中断；而在 TIMSS 高成就国家和地区，所有知识点在年级间的分布上均没有出现中断的情况。在持续性上，2000 年版教学大纲有 10 个知识点的年级跨度在 3 年及以上，这个数量还不到所有知识点数量的一半，而在 TIMSS 高成就国家和地区，超过一半的知识点的年级跨度在 3 年及以上。

三、小结

(一)宏观课程的测量与评价

宏观课程的测量可从结构和内容两个方面展开。作为一种文本化的材料，要实现对其可操作化的测量，就要对文本进行解构，在统一的结构下进行课程内容分析。宏观课程测量的重点和难点在于宏观课程文本材料的结构框架和内容框架的建立以及解构的过程。不同的研究者可能会根据研究目的的不同，建立起不同的结构框架，那么很有可能不同研

---

① William H. Schmidt, Hsing Chi Wang & Curtis C. McKnight, "Curriculum Coherence: An Examination of US Mathematics and Science Content Standards from An International Perspective", *Journal of Curriculum Studies*, 2005, 37(5), pp. 525-559; Gilbert Valverde & William H. Schmidt, Greater Expectations: "Learning from Other Nations in the Quest for 'World-Class Standards' in US School Mathematics and Science", *Journal of Curriculum Studies*, 2000, 32(5), pp. 651-687.

表 5-6 宏观课程内容分布模式的国际比较

内容	2000 年版教学大纲						2001 年版课程标准		2011 年版课程标准		TIMSS 高成就国家和地区					
	一年级	二年级	三年级	四年级	五年级	六年级	第一学段	第二学段	第一学段	第二学段	一年级	二年级	三年级	四年级	五年级	六年级
整数意义	●	●					●		●		●	●	●	●	●	
整数运算	●	●	●				●		●		●	●	●	●	●	●
测量单位	●	●	●	●	●		●	●	●	●	●	●	●	●	●	●
分数			●	●	●	●	●	●		●				●	●	●
式与方程				●	●	●		●		●						●
数据统计				●	●	●	●	●	●	●			●	●	●	●
图形的基本元素		●		●	●	●	●	●	●	●		●	●	●	●	●
平面几何	●							●		●				●	●	●
周长、面积与体积			●	●	●	●		●		●			●	●	●	●
近似与有效数字	●			●				●		●						
估算	●			●			●	●		●				●	●	●
整数运算律				●				●		●					●	
量的估计				●			●	●		●				●	●	●
小数					●		●	●	●	●				●	●	●
分数与小数关系					●	●		●		●					●	●
分数与小数的运算律				●		●		●		●						●
百分数								●		●					●	●
比例概念								●		●					●	●
比例应用								●		●						●

续表

内容	2000年版教学大纲						2001年版课程标准		2011年版课程标准		TIMSS 高成就国家和地区					
	一年级	二年级	三年级	四年级	五年级	六年级	第一学段	第二学段	第一学段	第二学段	一年级	二年级	三年级	四年级	五年级	六年级
平面坐标															●	●
图形转换						●		●	●	●						●
负数、整数及特点				●				●		●						●
数论					●			●		●						
估测							●	●	●	●						
立体几何					●			●		●						
方向与位置	●						●	●	●	●						
尺规作图				●						●						
规律、关系与函数							●	●	●	●						
可能性							●	●	●	●						
合计	6	6	6	14	13	11	17	27	16	27	3	3	7	15	20	17

注：①瓦尔韦德等研究者（2000，2005）对 TIMSS 高成就国家和地区的课程内容分布进行分析，其中只有超过一半（4 个及以上）的国家和地区的特点等才被认为是高成就国家和地区宏观课程具有的课程共有的共同特点，表中"TIMSS 高成就国家和地区"部分呈现的是半数以上 TIMSS 高成就国家和地区所涉及的课程内容模式。

②表中"数据统计""近似与有效数字"知识点仅 2000 年版教学大纲中出现，"平面坐标"为 TIMSS 独有，"估测"对应 TIMSS 框架中的"估计与误差"，"数据统计"对应 TIMSS 框架中的"数据简释与分析"，"可能性"对应 TIMSS 框架中的"不确定与概率"。

究者之间的分析结果无法直接进行比较。同样，内容框架也存在相同的问题，但相比结构框架，同一个学科的知识体系是一致的。内容框架建立的不一致主要体现在知识内容的具体层面，有的建立在比较宏观的层面，而有的建立在非常微观的层面。一个比较好的办法是，根据学科知识体系建立起一套多层级的内容分析框架，在最微观的层面进行分析，然后就可以根据不同的研究目的与评价需求，任意在各个层级之间转换，但这种方式的成本较高，操作难度较大。

宏观课程测量的另一个难点在于对文本进行解构。在建立结构和内容框架之后，需要进行人工编码，这涉及人的主观判断。即便是同样的结构和内容，不同的人可能会有不同的理解，会进行不同的编码。为了保证编码结果的一致性，需要从以下几个方面进行质量控制：首先，对结构框架和内容框架给出明确的操作化定义，保证所有人对每一个结构和内容都有同样的理解，必要的时候，对每一个结构和内容都给出明确的样例。其次，对编码者进行系统培训，并在正式编码工作开始前进行预编码练习，对预编码的结果进行分析并给出反馈，帮助编码者进一步明确结构框架与内容框架中各部分内容的界定。最后，采用双编码的方式有效提升编码质量。在编码过程中以及整理结果数据的时候，都能基于双编码的结果及时发现问题，有效提升编码的准确性。

（二）小学数学宏观课程比较分析的启示

通过在统一框架下的分析，小学数学宏观课程的变化发展比较清晰地呈现出来了。数学课程标准从 2001 年开始实施，在 2011 年进行了修订。两个版本的课程标准结构相似，但是 2011 年版课程标准对相应内容做了进一步梳理。例如，将 2001 年版的所有例题集中放在附录中，使课程标准正文部分的可读性增强，各个部分的功能进一步凸显。在内容方面，若从宏观层面来看，每个学段的课程内容都是 4 个，只是对 4 个部分的名称做了微调，2001 年版中的"空间与图形"调整为"图形与几何"，2001 年版中第一、第二和第三学段的"实践活动""综合应用""课题学习"统一调整为"综合与实践"。在中观层面，2011 年版课程标准删除了第一学段对"概率与不确定"这个知识点的教学要求。如果在更微观的内容层面进行分析，则可以获得更多的变化信息。例如，在第一学段，2011 年版课程标准增加了"能进行简单的整数四则混合运算（两步）"的具体内容要求。

与 TIMSS 高成就国家和地区的小学数学宏观课程进行比较分析可以发现，我国在两个学段要求教学的知识点数量多于这些国家和地区。通过与 2000 年版教学大纲的课程内容要求进行比较可以发现，课程改革的一个重要改变在于将之前按年级做出要求的内容标准改为现在按学段做出要求的模式。这一改动与当年课程改革下放教材编写权力有着密切的关系。课程标准中按照学段对教学内容进行规定，为教材编写提供了更大的自由度。不同教材编写者能够按照各自对数学知识体系的认识、理解，对同一学段内容进行不同的编排，这也是课程权力下放的一个重要原因。

但同时，TIMSS 的研究发现，数学学科是一套具有严密逻辑的知识体系，不同知识之间的编排是否合理、衔接是否科学会直接影响到教师的教和学生的学。美国是一个分权制国家，其课程标准的制定权在各个州。自从对 TIMSS 高成就国家和地区的宏观课程进行深入研究之后，美国就开始着手改变其宏观课程设计的思路。2009 年，美国开始发起研制全国统一的州课程标准运动，2010 年，《州共同核心数学标准》(the Common Core State Standards for Mathematics，CCSSM)颁布，旨在提高美国数学教育质量，提升美国学生的国际竞争力。该课程标准和以往美国各州的课程标准的不同在于：①内容标准在 K～8 年级是按年级对数学内容做出要求的，而 9～12 年级则是按数学内容领域进行的；②在不同的年级侧重不同的知识内容，例如，K～2 年级强调算术，3～5 年级关注整数与分数的乘除法；③减少了数学知识量的学习，加大了知识内容的深度。可见，美国在《州共同核心数学标准》的设计中充分吸取了国际上数学高成就国家和地区宏观课程设计的理念。

就我国而言，在数学课程标准中，按年级与按学段对数学内容做出要求各有利弊。在课程标准中按学段进行设计，给予教材更多探索的机会，可发现多种科学、合理的知识编排方式。如果课程标准按照年级进行设计，则教材在知识编排方面没有太多可发挥的空间；如果课程标准的知识编排方式不够合理与完善，则可能为教材编写、教学带来混乱与风险，会影响到最终的课程效果与质量。

当前一个重要的研究方向是通过对我国现行教材进行深入细致的分析，发现最能够促进教学的知识编排体系，从而在今后的课程标准修订中，将一种或若干种科学、合理的知识编排体系引入课程标准。这既能提升课程标准的可操作性，又能加强对教材编写的指导性，同时还能有效提升数学教育质量。

第二节　中观课程的评价

中观课程在课程体系中有着重要的地位与作用，它是对宏观课程的具体化，又直接指导着微观课程，还对课程效果有直接影响，是与课程系统中其他各层面均有直接关联的重要桥梁。实现对中观课程的测量与评价，有助于人们深入理解中观课程在课程体系中所发挥的作用。教材是中观课程研究最主要的对象，教材编写机制的放宽是我国 2001 年课程改革的一个重要变化，形成了目前大部分学科"一标多本"的局面。如何对"多本"教材进行科学、合理的选择和有效评价是目前亟待解决的一个重要问题。虽然教材都是按照同一个课程标准编写的，但是持不同理念的教材编写者对课程标准有不同的解读，从不同的角度出发对教材进行设置与编排。关于不同版本之间的教材的差异到底是什么、到底有多大，至今仍缺乏有力的实证数据。

本节以小学数学为例，对中观课程层面的教材进行测量与分析，欲探索出一套科学的适用于我国教材的分析方法，并通过对教材的测量与评价，为教材的选择和改进提供科学的实证依据。同时，与 TIMSS 的研究结果进行国际比较，为审视与反思我国小学数学教材提供新的视角。

一、中观课程的研究回顾

教材的质量和使用是一个非常复杂的问题。即便是质量合格教材，不同教材在内容覆盖面上仍存在显著差异。贝克(Isabel L. Beck)等研究者对 4 套四～七年级地理教材的内容覆盖面进行比较研究后发现，虽然 4 套教材都包含了所谓广义上的主题内容，但每套教材对每个知识点的阐述存在显著差异。以地理学科中的"地区"这个四年级涉及的概念为例，有2套教材是从地形学和气象学的角度定义的，而另2套教材则是从地理学的角度释义的。研究还发现，虽然随着年级的升高，对相同内容进行解释和教学的相似性增大，但是不同教材对相同知识内容的关注度存在明显差异。[1]

研究者对教材内容的呈现、信息的传递进行深入研究后发现，由于教材呈现内容的目标不明确、节选内容的定位不清晰、信息的选择和组织缺乏逻辑，导致教师的教学过程复杂化、学生缺乏相应的背景知识等诸多问题。[2] 弗里曼（Donald J. Freeman）等研究者发现，4套四年级数学教材之间有19个共同内容，所有的标准化测试之间仅9个共同内容；而教材与标准化测试之间仅有6个共同内容。总体而言，标准化测试中大概只有一半的内容会在教材中得到很好的设计与呈现。[3]

二、小学数学教材的测量

教材的测量方法主要有专家意见法、文本分析法、主题追踪法、教材图示化等方法。文本分析法是最基础的方法，是教材分析的根本。只有在文本分析的基础上才能进行主题追踪图的绘制和教材图示化的呈现。主题追踪法是从课程内容出发，基于专家意见法或者文本分析法的信息而进行的，主要是在国际比较研究中，用于比较不同国家和地区对同一个知识内容在年级间的具体安排策略。此外，它也可用来比较不同版本的教材对知识点的安排。但该方法适用于知识点的专题分析，无法对教材进行整体、全面的分析。教材图示化则能完整地将教材结构、内容安排的策略全面展示出来，有助于我们了解教材的设计。本节从结构和内容两个方面对我国2套六三制教材中的四年级数学教材 A 和 B 进行文本分析，最终用教材图示化的方法直观呈现分析结果。（本书共涉及4套教材的分析，分别为 A、B、C 和 D，教材 C 和 D 将在第六章进行分析。）

---

① Isabel L. Beck, Margaret G. McKeown & Erika W. Gromoll, "Learning from Social Studies Texts", *Cognition and Instruction*, 1989, 6(2), pp. 99-158.

② Kenneth R. Howey & Pamela L. Grossman, "A Study in Contrast: Sources of Pedagogical Content Knowledge for Secondary English", *Journal of Teacher Education*, 1989, 40(5), pp. 24-31.

③ Donald J. Freeman, Therese M. Kuhs, Robert E. Floden, Andrew C. Porterall, Jack Schwille & William H. Schmidt, "Do Textbooks and Tests Define A National Curriculum in Elementary School Mathematics?" *The Elementary School Journal*, 1983, 83(5), pp. 501-513.

为了与 1995 年的 TIMSS 分析结果进行国际比较，在结构分析中，本节以 TIMSS 采用的结构框架作为基础进行预分析，以 TIMSS 的教材结构分析框架为基础，对两位编码者进行培训。培训时特别强调编码者要及时将编码中遇到的问题记录下来汇总，包括：结构分析框架中操作性定义的适用性，是否存在框架未曾涉及的内容，框架的各项操作性定义能否顺利地直接运用于我国小学数学教材的编码等。预分析采用双编码的形式进行，随机抽取 2 套教材中各 1 册，由两位编码者分别独立编码。

通过预分析，确立教材文本分析的框架。从教材的结构而言，在 TIMSS 的结构分析框架中，教材区块的 6 个一级指标适用于我国小学数学教材。但在二级指标层面，我国的教材区块相对宽泛。例如，我国的教材在"插图"下可细分为更多的类型，且各种类型比例均较高，因此，将"插图"的二级指标从 2 类扩充到了 6 类；将"练习"区块细分为 2 类，具体修订后的教材结构分析框架见表 5-7。

表 5-7 修订后的教材结构分析框架

一级指标	二级指标
叙述	核心叙述
	相关叙述
	无关叙述
插图	与例题相关的插图
	与例题无关的插图
	与练习相关的插图
	与练习无关的插图
	旁白插图
	背景知识插图
例题	—
练习	课堂练习题
	思考题
活动	—
其他	—

注："—"表示无二级指标。

基于文本分析得到的 2 套四年级教材的结构分布见表 5-8，2 套教材的区块结构类似，均主要由"插图""例题"和"练习"构成，同时还涉及了"叙述""活动""其他"等区块类型，但"叙述"涉及得非常少。

表 5-8 我国 2 套四年级教材的结构　　　　　单位：%

		教材 A		教材 B	
		第七册	第八册	第七册	第八册
叙述	核心叙述	0.7	0.1	0.5	—
	相关叙述	—	—	—	—
	无关叙述	—	—	—	—
	小计	0.7	0.1	0.5	—
插图	与例题相关的插图	11.2	10.0	10.2	9.7
	与例题无关的插图	1.9	1.5	1.2	1.3
	与练习相关的插图	17.3	22.7	21.4	31.6
	与练习无关的插图	9.4	5.1	11.3	4.6
	旁白插图	16.5	18.0	14.9	11.8
	背景知识插图	0.5	0.9	0.9	1.9
	小计	56.8	58.2	59.9	60.9
	例题	5.0	6.5	5.4	5.2
练习	课堂练习题	35.0	33.2	31.6	31.3
	思考题	0.7	1.0	0.9	0.5
	小计	35.7	34.2	32.5	31.8
	活动	0.7	0.5	0.5	0.9
	其他	1.2	0.4	1.2	1.3

注：①"—"表示无该项内容。

②由于四舍五入保留一位小数，各项求和不一定为 100%。

教材的内容分析依据第四章建立的内容维度分析框架进行，由两位编码者分别独立完成分析，具体结果见下面"教材图示化"部分的分析与评价。

三、教材图示化

教材图示化将教材文本分析的结果用图的方式直观呈现出来。教材图示化可以在各级指标层面呈现，本节均以最具体的指标呈现，见图 5-1至图 5-4。考虑到后续的国际比较分析，在内容维度采用 TIMSS 的内容框架表述。

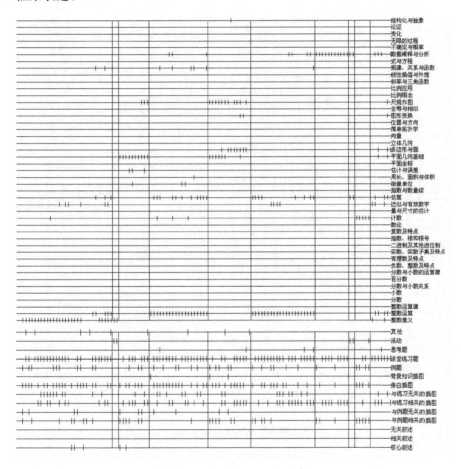

图 5-1　教材 A 第七册

图 5-2　教材 B 第七册

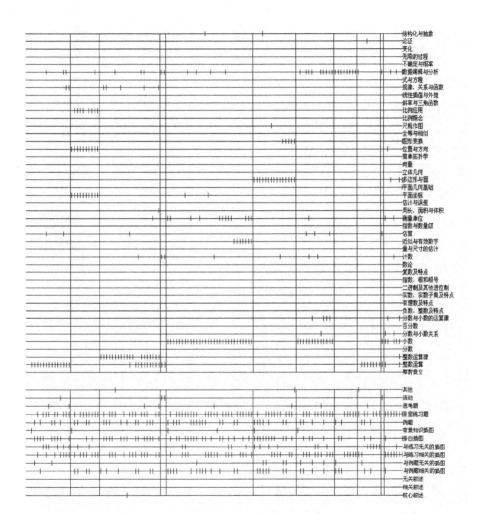

图 5-3　教材 A 第八册

图 5-4 教材 B 第八册

从结构来看，可以直观地看到，2 套教材中有大量"插图"，除此之外均以"例题"和"练习"为最主要的形式，穿插着一些"活动"和"其他"类型（如数学历史知识等）区块，"叙述"类型的区块涉及得非常少，其中"相关叙述"和"无关叙述"几乎没有，"核心叙述"随着年级的升高略有增加。

1995 年，TIMSS 根据教材图示化的内容分布模式，将教材对知识内容的分布划分为 3 种：主题型、顺序型和分散型。主题型教材对相同知识点内容连续进行教学，在图示化结果中，小短线能够形成一条明显的

"大粗线"，成为本册教材的主题。而构成这个主题的可能是单一的知识内容点，也可能是若干知识点。顺序型教材涉及多个知识点，相互之间依次排列，不像主题型那样相同知识点贯串整册教材。顺序型教材又可以分为三类：①多知识点主题型，主题之间按序排列，但是每个主题同时涉及多个知识点内容；②重复出现的单一知识点主题型，主题按序出现，每个主题几乎都仅由一个知识点内容构成，相同的知识点通过中间穿插其他知识点而重复出现；③单一知识点主题型，主题由单一知识点构成，按序排列，相同的知识点在同册教材中不重复出现。分散型教材的同一知识点在教材内的连续性很小，中间穿插着许多同样非常短暂的其他知识点内容，会多次短暂重复相同的知识点内容，但完全分散分布且没有重复的这种极端模式则几乎没有。与顺序型教材相比，分散型教材在图中没有那种连续的密集小线段，整个图看起来更像是分散的点状图。①

从内容来看，2 套教材特点鲜明。教材 A 中的两册教材安排了多个知识点的内容，但是对于同一个知识点的内容并没有进行连续安排，在每一次重复同一个知识点之前都会穿插其他知识点内容。综观教材 A 可以发现，两册教材均属于顺序型，具体表现为重复出现的单一知识点主题型。教材 B 中的两册教材同样的知识点内容集中安排，在同一册教材中，不同的知识点内容没有进行穿插排列。综观教材 B 可以发现，两册教材均属于顺序型，具体表现为单一知识点主题型，即各个知识点内容按序排列且不重复出现。

虽然 2 套教材均属于顺序型，但从其内容设计特点可以发现编写者所持的理念不同：教材 A 强调的是不断重复知识点，体现出鲜明的"螺旋式上升"思想，而教材 B 则强调知识点的集中性与连续性。这种不同的安排会对教师的课程实施和学生的课程习得产生怎样的影响，则需要在课程体系内开展跨层研究才能得到回答。

---

① Gilbert Valverde, Leonard J. Bianch, Richard Wolfe, William H. Schmidt & Richard T. Houang, *According to the Book：Using TIMSS to Investigate the Translation of Policy into Practice Through the World of Textbooks*, Boston, Kluwer Academic Publisher, 2002, pp. 53-91.

四、教材的比较分析

1995 年，TIMSS 对其参与国和地区的教材进行了系统分析，且正好包括中国 1992 年人教版四年级教材（第七册、第八册），因此，本部分不仅能够进行国际比较，还可以对我国课程改革前后的教材进行比较。

（一）结构比较

本节选择了 1995 年 TIMSS 中所涉及的中国 1992 年人教版四年级教材、美国（4 套）和俄罗斯的四年级教材，具体的结构分布见表 5-9。在区块结构上，"练习""插图"和"例题"是中国 1992 年人教版教材的主要构成部分，两册教材中都没有"活动"区块，第八册"核心叙述"的比例明显增加。美国的 4 套教材中，"练习"是最主要的区块，且各类区块均有涉及，整体结构更丰富。俄罗斯的四年级教材主要由"练习"和"插图"构成，有一定比例的"叙述"和"例题"区块，但比例不高，"活动"区块非常少。

表 5-9　TIMSS 三国四年级教材结构　　　　单位：%

		中国 1992 年人教版		美国				俄罗斯
		第七册	第八册	版本 1	版本 2	版本 3	版本 4	
叙述	核心叙述	6.2	10.5	8.3	9.5	8.3	10.2	1.8
	相关叙述	—	—	1.8	0.3	2.5	1.4	0.7
	无关叙述	—	—	0.4	0.1	2.5	0.5	—
	小计	6.2	10.5	10.5	9.9	13.3	12.1	2.5
插图	相关插图	20.1	21.3	4.8	7.2	7.7	8.2	6.1
	无关插图	3.3	4.5	0.0	0.5	0.7	0.0	4.7
	小计	23.4	25.8	4.8	7.7	8.4	8.2	10.8
练习	练习	61.8	51.3	69.6	73.2	60.4	67.7	44.6
	无关练习	—	—	2.1	1.1	1.5	0.0	38.0
	小计	61.8	51.3	71.7	74.3	61.9	67.7	82.6
活动		—	—	3.9	3.6	3.4	4.4	0.2
例题		8.6	12.4	8.9	4.5	12.9	7.5	3.0
其他				0.1				0.8

注：①"—"表示无该项内容。

　　②由于四舍五入保留一位小数，各项求和不一定为 100%。

从表 5-8 和表 5-9 的比较中可以发现，我国新课程改革后的 2 套四年级教材 A 和 B 中"叙述"区块的比例明显下降，几乎为零，但新增加了"活动"和"其他"（如数学历史知识）两个区块。《基础教育课程改革纲要（试行）》明确要求"改变课程过于注重知识传授的倾向"，"改变课程内容'难、繁、偏、旧'和过于注重书本知识的现状"，"改变课程实施过于强调接受学习、死记硬背、机械训练的现状，倡导学生主动参与、乐于探究、勤于动手，培养学生搜集和处理信息的能力、获取新知识的能力、分析和解决问题的能力以及交流与合作的能力"。教材 A 和 B 中"叙述"区块的显著下降、"活动"和"其他"两个区块的出现，正好说明这 2 套教材符合《基础教育课程改革纲要（试行）》所要求的转变。"活动"区块首次出现在教材中，但其比例远小于美国的教材。

从区块结构来看，无论是我国的教材或是 TIMSS 50 多个参与国和地区的教材，都以"练习""例题""叙述"及"插图"为主要成分，具有跨文化的一致性。这种跨文化的一致性是由数学学科本身的特点决定的。数学知识，特别是过程性的数学知识，只有通过具体的例题将整个运算或者推理过程呈现出来，才能真正把数学知识内容或者思想传递给学生。因此，教材主要通过例题进行知识内容的传递。数学知识中有一部分知识内容如几何，需要直观呈现大量图形，才能让学生充分认识、了解和掌握相关的知识内容，因而会有大量插图。此外，数学是一门应用性非常强的学科，在实际生活中有大量的应用，要将实际生活中的数学情景展现给学生，也只能依靠插图，所以插图会在数学教材中占有很高的比例。数学的知识内容仅靠例题呈现，学生是无法掌握的，还需要一定的练习来巩固学生所学。因此，练习在教材中也会占有一定的比例。

（二）内容分布比较

TIMSS 参与国和地区的教材中，主题型、顺序型和分散型三类教材所占的比例分别为 9%，63% 和 28%。澳大利亚、新加坡、西班牙和苏格兰等国家和地区 90% 以上的教材属于单一的教材类型——顺序型，美国、加拿大、冰岛、挪威等国家和地区则有超过半数以上的教材属于分散型。①

---

① Gilbert Valverde, Leonard J. Bianch, Richard Wolfe, William H. Schmidt & Richard T. Houang, *According to the Book: Using TIMSS to Investigate the Translation of Policy into Practice Through the World of Textbooks*, Boston, Kluwer Academic Publisher, 2002, pp. 53-91.

1. 课程改革前后教材的内容分布比较

1995 年 TIMSS 对我国 1992 年人教版四年级教材的分析结果见图 5-5 和图 5-6。可以发现，1992 年人教版四年级教材属于顺序型，具体表现为多知识点主题型。四年级数学教材对"整数运算"和"整数运算律"进行同时、连续的内容安排，然后安排了几何和小数的相关内容。四年级两册教材的内容分布非常相似，即先安排"整数运算律"和"整数运算"的内容，然后是几何及相关内容，最后是小数及相关内容。

图 5-5　1992 年人教版第七册教材

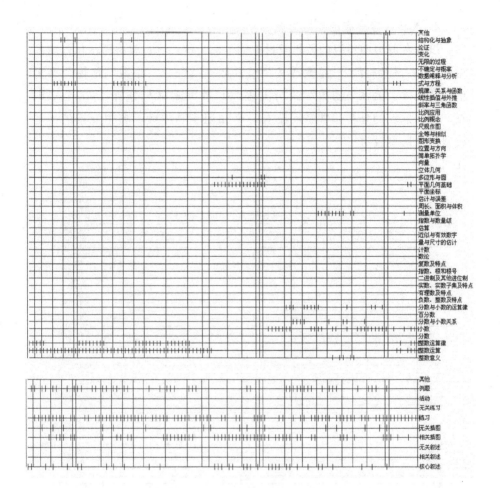

图 5-6 1992 年人教版第八册教材

教材 A 中的 2 册四年级教材均为重复出现的单一知识主题型。"整数运算"是教材 A 四年级的重要内容，但是不再和"整数运算律"同时安排。同时，教材 A 还涉及"整数意义""小数""计数""估算""近似与有效数字""平面几何基础""多边形与圆""尺规作图""位置与方向""数据阐释与分析"等知识内容，涉及的知识点数量远多于 1992 年人教版四年级教材。

教材 B 的 2 册四年级教材均为单一知识点主题型，即出现过的知识内容不再重复出现。教材 B 在四年级主要涉及"整数意义""整数运算""小数""平面几何基础""图形变换""尺规作图""数据阐释与分析"等知识内容，涉及的知识点数量多于 1992 年人教版四年级教材。

2. 教材内容分布的国际比较

以 4 套美国四年级的数学教材中的 1 套为例，进行教材图示化，结果见图 5-7。该教材涉及"整数意义""整数运算""分数""小数""估算""测量单位""规律、关系与函数""式与方程"和"数据阐释与分析"等多个知识点，但知识点的分布非常散，没有一个知识点是连续、集中安排的，是典型的分散型教材。

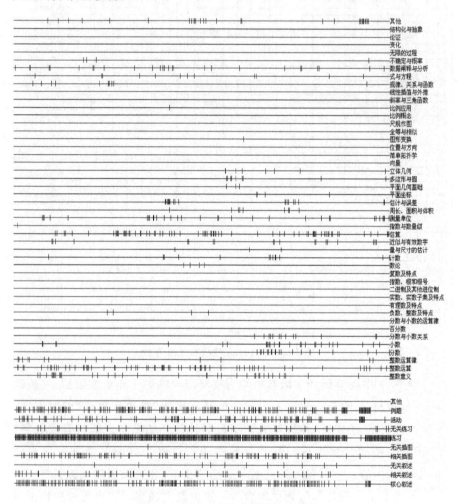

图 5-7　TIMSS 中的美国四年级教材

注：美国教材的章节多，本图隐去了竖直长线，以便更清晰地观察内容和结构分布。

　　俄罗斯四年级数学教材的图示结果见图 5-8。该教材是典型的主题型
教材，而且是多知识点主题型。在俄罗斯的教材中，"整数运算"和"测量
单位"2 个知识点贯串整本教材，构成了教材的主题。除此之外，还较多
地涉及了"式与方程""尺规作图""多边形与圆""周长""面积与体积""分
数""整数运算律""整数意义"等知识点，但都未对这些知识点进行连续安
排。我国教材 A 和教材 B 中四年级也有"整数运算"和"测量单位"等的内
容安排，其中，"整数运算"是 2 套教材的重点内容，但未在整个年级进
行连续的内容安排。同时，2 套教材还重点关注了"小数""分数""整数运

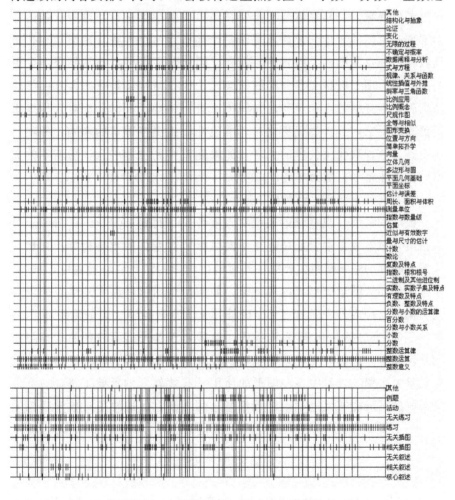

图 5-8　TIMSS 中的俄罗斯四年级教材

算律""平面几何基础""多边形与圆"等知识内容。即在同样的年级中，我国课程改革后的 2 套教材（A 和 B）比俄罗斯教材关注的知识面更广，但同一个知识点的连续性比俄罗斯差。

五、小结

（一）教材的测量与评价

教材作为文本化的课程材料，其基本分析与测量逻辑和课程标准的分析是类似的。但相比较而言，课程标准更为宏观，结构相对简单；教材更为微观，结构更为复杂。教材是对课程标准的具体化，是教学的一个重要传递媒介。其整体分析需要在更微观的层面进行，对所依赖的分析框架有更高的要求。教材覆盖了每个年级，每个年级有两册教材，每册教材所涉及的结构、内容更为复杂，因此对文本分析的编码提出了更高的要求。用于教材文本分析的框架，无论在结构还是在内容方面都应根据教材本身的特点和学科的知识体系进行架构。教材分析对人员提出了更高的要求，分析过程更耗时，准确性受到更多因素的影响，各项成本更高。随着现代化技术的发展，如果能够将新技术引入，则基本的文本分析工作将变得更为准确、高效。

（二）教材中非文本材料的设计

数学学科中，视觉化的表征有重要作用。科科（Atbert A. Cuoco）等人指出，数学教育中表征是连接不同目标及其变体的重要桥梁。大量有关数学教育的表征研究主要关注其对学生学习的认知与心理效应，例如，学生如何知觉图形而形成内部表征，如何产生图形而形成外部表征以与人交流，这种内外表征的交互作用是数学学科教与学之间的重要环节。[①]
戈尔丁（Gerald Goldin）等人则指出，教师对于各种图形表征的选择与使用是发展学生内部表征的重要基础。教材是教师选用图形表征的最直接和最重要来源。教材中各种图形的使用是有效教学的重要工具，一个设计得好的图形能够促进学生对数学概念的理解，促进教师对数学思想的

---

① Albert A. Cuoco，Frances R. Curcio，*The Roles of Representation in School Mathematics*，Reston，VA，NCTM，2001，pp. 269-282.

传递。[1]

对美国和韩国两国教材编写者的调查发现，编写者们一致认为教材应当给学生提供自我探索数学概念和问题的空间，没用的图片与图形应当从教材中删去，因为这些内容不仅没用，还分散学生的注意力，同时增加了教材的长度。如果需要图片，教材编写者应当对图片进行精心设计与考虑，而做到这一点的前提是编写者必须深刻了解学生产生表征意识的整个过程，以及教师将如何使用这些图形。[2]

根据表 5-8，我国的教材中，"与练习无关的插图"和"旁白插图"比例分别占全书的 16.4%～26.2%。根据操作性定义，"与练习无关的插图"是指不体现练习题题意，删去后不影响题目的图片；而"旁白插图"则是因为文字叙述的需要，在情境中添加的人物形象。从金的非文本内容的五大特点来看，这两类插图均不具备最基本的精确性和相关性，但在教材中仍然占了如此高的比例。它们的存在是否对教学产生了负面影响，是否需要如此高比例的插图，仍需要进一步研究。在数学学科中，非文本内容与文本内容有着同样重要的作用，如何对非文本内容进行精心设计是一个需要教材编写者深入分析的主题。他们不仅要考虑非文本内容与知识内容本身之间的关系，还要考虑教师如何有效使用这些非文本内容，学生如何表征这些非文本内容。

（三）教材多元化

与课程改革前的同年级教材相比，在内容维度上，教材 B 更明显地继承了课程改革前的内容安排模式，而教材 A 则出现了较大的模式转变。新中国成立伊始，我国课程设置主要模仿苏联模式[3]，直到 20 世纪七八十年代才逐渐探索建立有中国特色的课程体系。通过对我国课程改革前的教材、课程改革后的 2 套教材（教材 A 和教材 B）与美国、俄罗斯的教

① Gerald Goldin & Nina Shteingold, "Systems of Representations and the Development of Mathematical Concepts", in Albert A. Cuoco, Frances R. Curcio & Reston, ed., *The Roles of Representation in School Mathematics*, VA, NCTM, 2001, pp. 1-23.

② Rae Young Kim, "Text＋Book＝Textbook? Development of A Conceptual Framework for Non-Textual Elements in Middle School Mathematics Textbooks", PhD diss., Michigan State University, 2009.

③ 顾明远：《从新民主主义教育到社会主义教育——纪念中国共产党成立 90 周年》，载《教育研究》，2011(7)。

材比较分析可以发现，课程改革前的教材与俄罗斯更为相似，课程改革后教材 A 体现出了更多的美国特色，而教材 B 则更多地继承了课程改革前教材的特点。虽然教材 A 和教材 B 都是课程改革后新编写的教材，但是体现了不同编写者所持的不同理念。

本节仅分析 2 套教材就发现了如此鲜明的差异，我国目前存在多个版本的教材，势必会有更多的差异与特色。这些不同版本的教材将会影响教师对课程的实施和学生对课程内容的习得，但是具体的影响需要进一步研究。面对如此丰富的教材选择。如何判断与选择高质量的教材、如何把好教材审批的质量关等一系列问题亟待解决。

第三节 微观课程的评价

微观课程处于课程体系的底部，是课程直接作用于学生的层面。教师、学生和教学过程中用到的各种静态材料都是微观课程评价的对象。教师是课程实施的主体，具有非常强的主观能动性，是课程体系中最为活跃的因素之一，直接影响着学生可能获得的课程效果与质量。无论宏观层面课程是如何被预设的，也无论中观层面教材如何对目标课程进行诠释和阐述、如何对课程内容进行设计与安排，都只有通过教师的实施，课程知识才有可能被学生接触和获得，这些预定的目标才有可能实现。

本节以教师为例，介绍对微观课程的测量与评价。我们从教师实施课程的角度出发，对我国三～五年级小学数学教师进行全面的测查与分析。在此基础上，进行中美两国教师课程实施的跨文化比较，以期从国际视角获得更多启示。

一、微观课程层面的研究回顾

布鲁纳在《教育过程》一书中指出："教师不仅是传播者，而且还是模范。看不到数学的妙处及其威力的教师，就不见得会促使别人感到这门学科的内在刺激力。"[1]无论课程在顶层是如何被设定和预期的，无论教材如何对目标课程进行诠释，课程要想传递给最终的接受者——学生，至

---

① ［美］杰罗姆·S. 布鲁纳：《教育过程》，上海师范大学外国教育研究室译，63 页，上海，上海人民出版社，1973。

少在传统的教学方式中，教师的教学即课程的实施是一个无法跨越的环节。

1995 年，TIMSS 在课程研究中发现，各个国家存在这样的趋势：从二年级到六年级，数学课程的教学时间持平或略有下降，但从六年级到八年级，数学课程的教学时间有大幅下降。对于课程知识的准备程度，八年级数学涉及的 18 个知识点，除了 3 个知识点外，其他知识点，90％以上的教师都报告"准备得很好"。而四年级涉及的 16 个知识点，除了 2 个知识点外，其他知识点，90％以上的教师都报告"准备得很好"。从教师资历来看，大部分教师有丰富的教学经验（平均教龄为 16 年）。四年级和八年级的数学教师年龄集中在 30～40 岁。从教师的最高学历水平来看，59％的八年级教师有大学本科或相当的学历，四年级为 52％。从教师的专业方向来看，八年级大约有 54％的教师为数学教育专业，70％的教师为数学专业。而四年级情况则不同，大约有 80％的教师专业为初等教育或基础教育，只有 26％的教师为数学专业，4％为科学专业。[①]

2009 年的 PROM/SE 对课程内容进行了相应的研究。通过对每个教师具体的教学内容和时间的分析发现，不同教师在教学内容覆盖面和教学时间分配上存在很大的个体差异，且不同的数学教师在不同的知识点上准备的充分程度不同，即使是同一个教师，在所有可能涉及的知识点上的准备程度也不同。通过对教师的进一步分析发现，教师对于知识点准备的充分程度与其专业背景知识（学历）相关。与未经过系统学习的知识点相比，教师的教学准备在系统学习过和受过相关训练的知识点上要更好。[②]

二、课程实施的测量

在微观课程层面，以教师为研究对象的测量与评价方法主要有专家意见法、观察法、访谈法、问卷调查法、德尔斐法和实验法，最常用的

---

① William H. Schmidt, Senta A. Raizen, Edward D. Britton, Leonard Bianchi & Richard G. Wolfe, *Many Visions, Many Aims: A Cross-National Investigation of Curricular Intentions in School Mathematics*, Boston, Kluwer Academic Publisher, 1997, pp. 27-42.

② "Opportunities to Learn in PROM/SE Classrooms: Teachers' Reported Coverage of Mathematics Content", www.promse.msu.edu-documents/PROMSE—Opportunies% 20to% 20 Learn%20.pdf, 2019-11-15.

有问卷调查法与观察法两种。观察法耗时较长，只能进行个案分析，无法在短时间内获取大样本信息，且所有的分析均受限于所观察的那段时间，若要进行长时间的追踪分析，则对人力、物力和财力都有较高要求。相比之下，问卷调查法能在较短的时间内获取大样本信息，能够对课程实施进行较全面的测试，但可能会受到答题人的各种作答影响，如社会赞许性等。但若能控制好这些因素的影响，则问卷调查法在课程实施的测量中是一种经济而又高效的手段。本节介绍通过问卷调查法对中美小学三～五年级教师课程实施情况进行的全面调查。[①]

参加问卷调查的中国和美国数学教师分别为 406 人、847 人，具体样本情况见表 5-10。两国该阶段数学教师均以女性为主。

表 5-10　教师的性别构成　　　　　　　单位：人

年级	中国			美国			
	男	女	合计	男	女	缺失	合计
三年级	7	132	139	24	307	2	333
四年级	28	102	130	41	254	0	295
五年级	18	119	137	40	177	2	219
合计	53	353	406	105	738	4	847

注：中国有 2 名教师同时教两个年级，美国有 35 名教师同时教两个年级。

中美两国教师的年龄分布见图 5-9，可以发现，中国三个年级数学教师的年龄构成比较相似，三个年级的平均年龄在 34～36 岁，每个年级 75％ 的教师年龄均在 40 岁以下。美国三个年级数学教师的年龄构成也非常相似，平均年龄均在 44 岁左右，每个年级 75％ 的教师年龄在 55 岁以下。相比较而言，中国教师更为年轻，平均年轻 10 岁左右。

① 王烨晖、边玉芳、辛涛等：《中美小学数学教师课程实施的跨文化比较》，载《教师教育研究》，2012(1)。

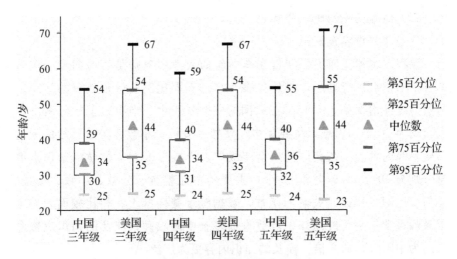

图5-9　中美两国教师的年龄分布

如图 5-10 所示，从教师的教龄分布来看，中国三个年级教师的教龄分布比较相似，各年级平均教龄在 13～16 年；美国三个年级教师的教龄分布也相似，平均年龄在 13～14 年。

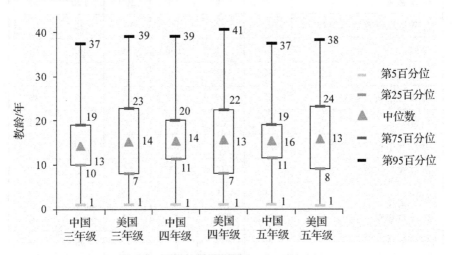

图5-10　中美两国教师的教龄分布

三、课程实施的比较分析

(一)课程内容覆盖面

课程内容覆盖面主要衡量在本学年的教学中教师是否对问卷中包含的各个知识点进行教学,具体见表 5-11。不同比例段教师教授的知识点数量的统计情况见表 5-12。在中国的三个年级中,半数以上教师教学的内容均为 10 个知识点,主要集中在整数、分数、小数、测量及数的表达与解释等内容上。在美国的三个年级中,半数以上教师教学的知识点数量分别为 19 个、19 个和 22 个,主要集中在整数、分数、小数、测量、几何、比例、规律、关系与函数、数据统计等内容上。相比较而言,美国教师每学年所教授的知识点数量远多于中国教师,涉及的知识点数量大约为中国教师的 2 倍,涉及的知识内容更为广泛。

表 5-11　中美两国课程内容覆盖面比较　　　　　单位:%

知识点	中国			美国		
	三年级	四年级	五年级	三年级	四年级	五年级
整数意义	67	76	50	100	100	99
整数运算与整数运算律*	92	94	55	96	99	93
分数	87	71	100	84	90	95
小数	87	94	56	69	84	94
分数与小数关系	52	67	76	54	72	95
百分数	21	36	26	50	71	92
分数与小数的运算律	24	68	61	59	70	86
有理数与实数*	18	42	21	37	49	69
数论	15	18	49	51	79	87
估计与数感*	96	94	64	97	97	97
测量单位	95	77	71	99	98	95
周长、面积与体积	95	48	94	89	92	94
估测	58	58	52	64	74	77
图形的基本元素	44	89	39	93	97	94
平面几何	17	19	18	77	86	86

知识点	中国			美国		
	三年级	四年级	五年级	三年级	四年级	五年级
立体几何	14	15	27	56	63	70
图形转换	33	21	27	84	92	85
比例概念	17	19	17	21	37	71
比例应用	16	18	18	44	41	52
规律、关系与函数	14	11	8	69	69	72
式与方程	12	11	11	25	32	44
数据统计	57	44	48	92	96	95
可能性	48	39	35	71	77	64
其他知识	23	17	10	30	31	35

注："*"表示为进行比较，分析框架中"整数运算"与"整数运算律"合并，"有理数与实数"与"估计与数感"在二级指标中报告。

表 5-12 不同比例段教师教授的知识点数量统计

教师比例	知识点数量/个					
	中国			美国		
	三年级	四年级	五年级	三年级	四年级	五年级
≥90%	4	3	2	6	9	11
≥80%	6	4	2	9	11	15
≥70%	6	7	4	11	17	19
≥60%	7	9	6	14	19	21
≥50%	10	10	10	19	19	22

(二)课程准备

在课程准备方面，教师要对每个知识点的准备程度做出判断并进行自我报告，准备程度划分为"准备得很好""有较好准备""有一些准备"和"准备得不是很好"四个等级。在各个知识点上，教师报告"准备得很好"的比例分布见表 5-13，不同比例段教师中"准备得很好"的知识点数量统计见表 5-14。

表 5-13　中美两国课程准备状况比较("准备得很好")　　　单位:%

知识点	中国			美国		
	三年级	四年级	五年级	三年级	四年级	五年级
整数意义	46	47	55	79	83	81
整数运算	58	63	72	80	84	83
整数运算律	54	59	72	56	49	53
分数—意义与表示*	50	56	63	69	73	72
分数—等值和假分数*	45	42	64	62	70	76
分数—排序*	50	53	60	65	66	67
分数—加减法*	66	64	77	71	78	78
分数—乘法*	64	63	76	60	61	70
分数—除法*	62	63	74	55	56	65
分数—通分*	59	60	74	63	70	77
小数	60	58	69	42	46	57
分数与小数关系	46	54	59	39	46	55
百分数	39	47	57	35	35	56
分数与小数的运算律	42	49	62	25	27	35
有理数与实数*	24	26	33	29	26	36
数论	16	12	26	16	16	27
估计与数感*	38	41	42	55	53	52
比例概念	31	41	49	13	13	21
比例应用	25	34	39	22	20	29
规律、关系与函数	7	10	9	11	12	19
式与方程	7	6	8	10	9	17
测量单位	47	47	48	58	53	51
周长、面积与体积	50	49	68	49	55	56
图形的基本元素	35	50	58	60	71	66
估测	33	34	34	33	34	36
平面几何	16	15	20	36	41	43

续表

知识点	中国			美国		
	三年级	四年级	五年级	三年级	四年级	五年级
立体几何	9	9	13	36	38	25
图形转换	10	9	13	24	37	29
数据统计	24	25	38	54	64	67
可能性	26	27	24	38	40	34
其他知识	7	7	5	10	8	9

注："*"表示为进行比较，分析框架中将"分数"知识点进行了细分，"有理数与实数""估计与数感"在二级指标中报告。

表5-14 不同比例段教师中"准备得很好"的知识点数量统计

教师比例	知识点数量					
	中国			美国		
	三年级	四年级	五年级	三年级	四年级	五年级
≥90%	0	0	0	0	0	0
≥80%	0	0	0	1	2	2
≥70%	0	0	6	3	7	7
≥60%	4	5	12	9	10	11
≥50%	10	11	16	14	14	18

我国半数以上三年级教师在"整数运算""整数运算律""分数""小数""周长、面积与体积"等10个知识点上报告"准备得很好"；半数以上四年级教师在"整数运算""整数运算律""分数""小数""平面几何"等11个知识点上报告"准备得很好"；半数以上五年级教师在"整数运算""分数""小数""百分数""周长、面积与体积""平面几何"等16个知识点上报告"准备得很好"。

美国半数以上三年级教师在"整数运算""分数""估计与数感""测量单位""图形的基本元素""数据统计"等14个知识点上报告"准备得很好"；半数以上四年级教师在"整数""分数""估计与数感""测量单位""周长、面积与体积""图形的基本元素""数据统计"等14个知识点上报告"准备得很好"；半数以上五年级教师在"整数运算""分数""小数""百分数""估计与数感""测量单位""周长、面积与体积""图形的基本元素""数据统计"等 18 个知识点上报告"准备得很好"，所报告的知识点包括了三、四年级半数以上教师报告"准备得很好"的知识点。

总体而言，在各个年级，中美两国半数以上教师报告"准备得很好"的知识点数量接近，但美国教师稍多一些，且两个国家半数以上教师报告"准备得很好"的知识点数量在年级间分布模式相似。但从各个知识点来看，报告"准备得很好"的美国教师比例均高于中国教师，之所以出现这种情况，可能是由于：首先，在每个年级，美国教师所教的课程范围都远大于中国教师，即在每个年级中，美国教师都要比中国教师教授更多的知识点，所以无论哪个年级的美国教师都要对更多的知识点有更好的准备。而在中国聚焦知识的课程实施模式下，教师仅需对更少的知识点有充分准备即可。其次是文化差异，美国的文化总体更为开放，个体更为自信，而中国崇尚的是谦虚、谨慎的为人处世态度，所以在自我报告课程准备程度时，美国教师倾向于报告自己"准备得很好"，而中国教师则更倾向于报告自己准备得不够充分。

（三）教学时间

在测查课程内容覆盖面的同时，问卷要求教师提供本学年各知识点的课时数，将教师报告的课时数转换为相应学年的教学天数，作为教学时间的指标。

在分析时，我们将所有知识点归纳为"算术""算术过渡""代数""几何"和"统计"五大块知识。中美教师在"算术"知识块上的教学时间比较结果见图 5-11，可以发现，在三、四年级时，中国教师投放在该知识块上的教学时间比较多，平均有 70.8 天和 65.4 天，到了五年级有明显的下降，平均仅为 25.9 天，但教师个体之间的差异较大。美国三个年级的教师在这个知识块上投入的时间呈稳步下降的趋势，每个年级教师的教学时间平均减少 10 天，教师间的个体差异在年级间比较稳定。相比而言，在三、四年级，中国教师投入该知识块的时间多于美国教师，到了五年级则少于美国教师。

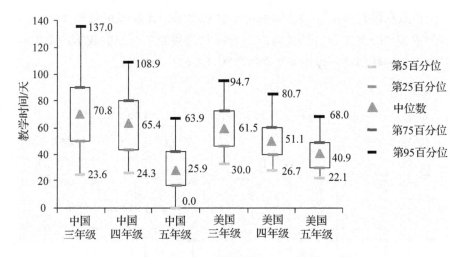

图 5-11 中美两国教师在"算术"知识块上的教学时间比较

中美两国教师在"算术过渡"知识块上的教学时间比较见图 5-12。可以发现，中国教师在该知识块上的教学时间随年级增加呈稳定上升趋势，每个年级增加的教学时间在 15 天以上，但教师间个体差异仍然较大。美国三个年级的教师在该知识块上的教学时间分布也呈现同样的稳步增长趋势，且教师个体间差异相对较小。相比而言，中国教师在该知识块上投入的教学时间多于美国教师，中国三年级教师投入的平均时间与美国五年级教师投入的平均时间基本持平。

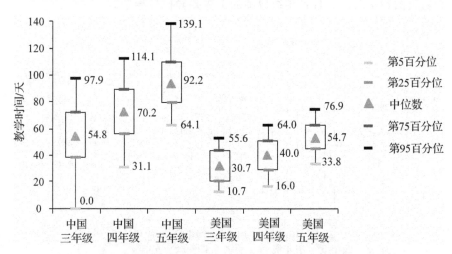

图 5-12 中美两国教师在"算术过渡"知识块上的教学时间比较

中美两国教师在"代数"知识块上的教学时间比较结果见图 5-13。可以发现，中国至少 75％的教师未进行该知识块相关内容的教学，而美国三个年级的教师均有着较为稳定的教学时间（11～13 天）。

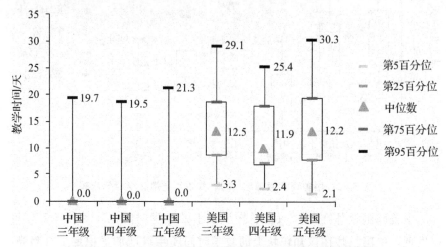

图 5-13　中美两国教师在"代数"知识块上的教学时间比较

中美两国教师在"几何"知识块上的教学时间比较结果见图 5-14。可以发现，中国三、四年级教师在该知识块上投入了较为稳定的教学时间，在五年级的时候，教师的教学时间有了较为明显的增加，但五年级教师间的个体差异也明显增大。美国三个年级的教师在该知识块上投入了较为稳定的教学时间，且各年级教师的个体差异比较稳定。

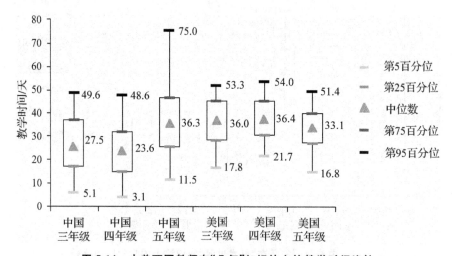

图 5-14　中美两国教师在"几何"知识块上的教学时间比较

　　中美两国教师在"统计"知识块上的教学时间比较结果见图 5-15。可以发现，我国有 25% 的三年级教师未进行该知识块的教学，而到了四、五年级，未进行该知识块教学的教师比例达到 50%。美国三个年级的教师在该知识块上投入了较为稳定的教学时间。

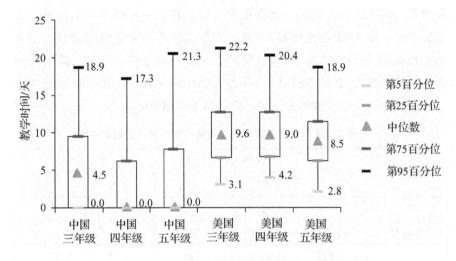

图 5-15　中美两国教师在"统计"知识块上的教学时间比较

　　从图 5-11 到图 5-15 可以发现，在五大知识块的教学时间上，中国教师间的个体差异均大于美国教师间的个体差异。综合中国教师的教学内容和教学时间可见，中国教师课程实施的差异都大于具有更大课程实施自由权的美国教师。究其原因，一方面是教师个体的差异，包括教师的理念、已有的专业知识基础、对课程材料的解读等有差别；另一方面则是课程改革的结果。1999 年我国启动了课程教材改革，课程标准按照学段对知识点进行要求，不同的教师对课程标准的解读不同。例如，在同一个学段内，教师对各个知识点的前后顺序会有各自不同的理解和安排，并且在同一个课程标准的指导下，不同教材编写者由于各自的理念、对课程标准的解读各异，对同一学段内的知识点就会有不同的安排，不同版本的教材对同一个知识点的安排也会存在差异，而教材又是教师实施课程的一个重要媒介，势必会对教师的教学内容和教学时间的安排产生影响。本研究的 406 名中国教师共使用了 4 套不同的教材，由于教材对知识内容的编排不同，使得教师实施课程的个体差异增大。但是，为什么中国教师实施课程的这种个体差异都一致大于具有更大课程实施自由权的美国教师，还需要进一步深入研究。

（四）课程实施变量之间的关系

对报告课程"准备得很好"的教师的人数比例分别与课程内容覆盖面和教学时间进行相关分析，结果见表5-15。在三个年级中，无论是中国还是美国，报告"准备得很好"的教师人数比例均与课程内容覆盖面呈显著正相关（0.63～0.82）。美国教师的相关系数高于中国教师。除了中国五年级外，报告"准备得很好"的教师人数比例与教学时间呈显著正相关（0.47～0.81）。美国教师的相关系数均高于中国教师。

表 5-15 课程内容覆盖面、课程准备和教学时间的相关结果

课程准备	年级	课程内容覆盖面		教学时间	
		中国	美国	中国	美国
准备得很好	三年级	0.73***	0.82***	0.61***	0.81***
	四年级	0.74***	0.80***	0.59***	0.71***
	五年级	0.63***	0.77***	0.31	0.74***

注："***"表示 $p < 0.001$。

从课程内容覆盖面、教学时间和课程准备三者之间的相互关系来看，报告有充分准备（"准备得很好""有较好准备"）的知识点的教师越多，则对该知识点进行教学的教师越多，且投入了更多的教学时间。从这一点可以看出，教师更乐意投入较多的时间去教授自己有充分准备的知识点。面对自己有准备的知识点，教师才有可能把握住知识点的关键内容，厘清知识点之间的逻辑关系，结合学生的实际情况进行深入教学。

但在中国五年级的数学教师中，这种趋势并不明显。通过对变量的具体分析可以发现，教师对"几何"知识块投入了平均36天左右的教学时间，但从教师对几何相关知识内容的准备程度来看，除了"多边形与圆"之外，对剩余的几何知识内容报告"有较好准备"及以上的教师均不到一半，也就是说，虽然教师们在几何相关知识内容上的准备并不充分，但是仍投入了一定的教学时间。这与前面总结的趋势相反，从而导致五年级教师在这两个变量上的相关关系被削弱。

虽然五年级教师对几何相关知识内容的准备和三、四年级教师一样都不够充分，但五年级教师仍然投入了相当多的教学时间。通过查阅课程标准发现，相比第一学段，第二学段对空间和几何部分的知识点提出更多更高的要求。相比三、四年级，五年级教材中几何相关知识内容所占的比例也明显增长，从而可以看出，虽然教师准备得不够充分，但是基于课程标准和教材的具体安排，教师仍然投入了一定的教学时间。这说明教师还是比较严格地按照课程标准和教材来实施课程，但教师投入的教学时间是否足够，则需要进一步分析与研究。而美国教师因为有更大的课程实施自由权，并没有出现类似情况。

（五）国际年级位置

研究在实现了对知识点教学时间量化的基础上，将教学时间进一步合成，获得国际年级位置（International Grade Placement，IGP）指标。该指标是从 TIMSS 中发展而来的，对每个教师在各个知识点的教学时间这个指标加权后合成。这个权重是 TIMSS 通过对参与国和地区的课程内容和课程重点内容的系统分析后确定的，该指标具有良好的表面效度和结构效度。[①]

IGP 取值为 1～12，对应 TIMSS 测查的 12 个年级。IGP 值表明参与TIMSS 项目的 40 多个参与国和地区中绝大多数参与国和地区在相应的年级重点教授的内容。例如，整数意义，其 IGP 为 1，代表 TIMSS 绝大部分参与国和地区主要在一年级教学，而微积分的 IGP 为 11，意味着大部分参与国和地区在十一年级教学。

中美两国的具体分析结果见图 5-16，从中可以看到，我国三～五年级的平均 IGP 值分别为 4.4，4.9 和 4.9。三年级教师的平均教学内容水平相当于 TIMSS 参与国和地区 4.4 年级的教学内容，四、五年级教师的平均教学内容与 TIMSS 参与国和地区五年级教学的内容更为相似。三个年级中，三年级教师的 IGP 值变异最大。美国三～五年级也均高于其实

---

① Leland Cogan，William H. Schmidt & David E. Wiley，"Who Takes What Math and in Which Track? Using TIMSS to Characterize U. S. Students' Eighth-Grade Mathematics Learning Opportunities"，*Educational Evaluation and Policy Analysis*，2001，23(4)，pp. 323-341；William H. Schmidt，Leland S. Cogan & Richard T. Houang，"Relationship of Tracking to Content Coverage and Achievement：A Study of Eighth Grade Mathematics"，*Society for Research on Educational Effectiveness*，2009(3)，pp. 1-5.

际对应的国际年级位置，且升高得更为明显，但美国各个年级教师的 IGP 值的变异较小，且年级间较为一致。相比较而言，中国教师实际教学的内容水平与 TIMSS 参与国和地区更为接近，美国则至少高出 TIMSS 参与国和地区一个年级的教学内容。但是中国三个年级教师的 IGP 值变异程度均大于美国。

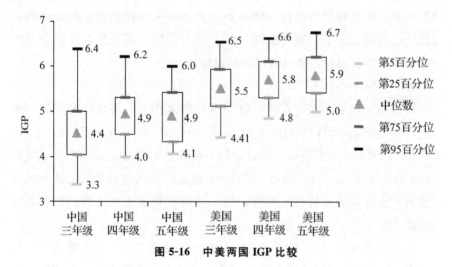

图 5-16 中美两国 IGP 比较

基于教学内容和教学时间两个课程实施的量化指标，以及 TIMSS 对参与国和地区教学内容赋予权重后合成的 IGP 指标，我们一方面可以从更宏观的层面对中美两国的课程实施进行比较，另一方面可以与 TIMSS 参与国和地区直接进行比较。

我国三、四年级的教学内容水平高于 TIMSS 参与国和地区的平均水平，分别相当于其 4.4 年级和 4.9 年级水平。即中国三、四年级所教的内容，TIMSS 参与国和地区平均要在一年后才会教学，但是到五年级时，整体状况相近。与美国相比，中国的教学内容涉及面较窄，投入的教学时间较为集中，但与 TIMSS 参与国和地区的整体状况相比，中国教学所涉及的内容范围更广。

美国小学三～五年级涉及的教学内容范围很广，其各个年级教学的内容，在 TIMSS 参与国和地区中，平均要在 1～2.5 年后才进行教学。这个结论在课程实施层面又一次验证了已有研究对美国课程体系的总结："一英里宽一英寸深。"

　　同样，由于IGP值是基于教学内容和教学时间合成的，中国教师过大的个体差异在IGP值的变异上也继续得以体现。在三个年级中，中国教师的IGP值的变异程度均大于美国教师。但是，为什么中国教师在教学时间上存在如此大的差异，这种差异会对学生的课程习得、学习效果产生什么样的影响还需要进一步深入研究。

四、小结

（一）微观课程的测量与评价方法

　　问卷调查法是教育、心理和社会学领域应用最为普遍与广泛的方法之一，能够在较短时间内收集大量研究所需的信息。使用问卷调查法收集教师的课程实施信息，整体效果不错。高质量的测查工具是获取准确信息的重要前提。本节所采用的课程实施测量工具主要从课程内容覆盖面、课程准备和教学时间3个指标对教师的课程实施进行测查。教师的课程实施是一个复杂的过程，涉及多方面因素，是否还有与以上指标同样甚至更重要的量化指标，则需要进一步研究。本节仅对教师的课程实施进行测量与评估，微观课程层面还包括学生的参与和各种教学过程涉及的文本材料。今后，微观课程层面的评价应从多元评价对象角度出发，综合使用多种评价方法，实现指标丰富化、系统化与全面化，更好地对微观课程进行测量与评价。

（二）中美两国课程实施比较研究的启示

　　通过比较研究，我们可以看出，中美两国小学数学教师在数学课程的实施过程中存在鲜明的特色，而这些特色与两国各自的课程体系设计密不可分。我们的比较研究发现，由于美国数学课程"广而浅"的特征，美国教师在三个年级所涉及的课程内容范围远大于中国教师，其教师对课程准备的充分程度也高于中国教师。而中国"一标多本"则导致了教师教学时间的个体差异大于美国教师。不同的课程体系设计带来的教师在课程实施方面的差异，在当前分层的课程测量与评价中仅能进行描述性呈现。只有将本层面获得的结果与课程其他各个层面和课程效果进行更深入的关联分析，才能给我们提供更多深入的和有价值的信息。

第六章　课程的关联分析与模型建构

第五章分别对课程体系的三个层面进行了系统的分析，在各层面都获取了重要的量化指标，但课程各层面并不是孤立运作与发挥作用的。课程作为一个完整的体系，在层层传递的过程中，各层面之间产生了大量的交互作用。本章首先对课程三个层面之间的关联进行探索与分析；其次，在此基础上，考虑到课程环境对课程体系的影响，将不同层面的课程作为一个整体，构建起我国完整的小学数学课程模型；最后，本章对小学数学课程测量与评价的实践进行了反思与总结。

第一节　课程传递：课程层面间的关联分析

在我国，全国使用统一的课程标准，该标准对课程各层面起着指导与规范作用。从宏观课程传递到中观课程时，不同编写者所持有的理念不同，因此，他们对相同的课程标准可能有不同的理解与诠释，而这种差异就直接渗透在其编写的教材中。到了微观课程层面，即便使用相同的教材，由于教师的资历背景不同，以及平时在教学实践中积累起来的经验不同，他们会对课程做出不同的诠释，这就使得不同教师传递给学生的课程也存在各种差异，从而导致课程差异被进一步扩大与复杂化。从全国统一的课程标准到提供给学生的多样化的实施课程，这些差异是如何在课程体系内部的传递过程中产生的，课程的三个层面分别在课程传递中起到了什么作用，诸如此类问题是本节所关注并试图解答的。

一、课程层面间关联分析回顾

（一）教师的教材使用

斯多尔斯基（Susan S. Stodolsky）发现不同学科的教师在教材的使用

上各有特点。数学课程中，教师虽然主要依据教材内容教学，但很少按照教材的顺序进行，没有涉及教材中的所有内容，没有将教材作为教学内容的唯一来源。教师会以自己的方式对教学内容进行阐述且从其他资料中寻找练习材料。在社会学科的教学中，教材并不会对学科的内容范围明确定义，教师经常会介绍一些教材中没有涉及的主题，也就是说，教材并不是教师教学内容的主要来源，教师会依据多种材料来决定最后的教学内容。[①]

巴尔和沙度(Rebecca Barr & Marilyn W. Sadow)对七年级阅读课程进行的为期一年的追踪研究发现，教师对不同版本的教材有不同的利用率。在教材的具体使用上，教师之间存在较大的个体差异，教师很少会采用课程指导中没有提及的活动或形式[②]，教材确实影响了教师教学内容的选择。弗里曼和波特发现，小学数学教材主要影响了教师教学内容的选择，但对教学时间的分配、成绩和教学过程的影响较小，教师对教材的依赖度不同，使得教师的教学内容和教学顺序存在个体差异。[③]

塔尔(James E. Tarr)等人研究了美国 6 个州 39 所中学的 39 名教师对 2 套教材(国家科学基金资助的教材和商业性出版商出版的教材)的使用，结果发现，教师都非常重视数与运算的教学，甚至以减少其他内容的教学来强调数与运算。使用国家科学基金资助的教材的教师主要依据教材内容教学，所有教师都会在课堂上使用培养技能的活页练习题作为补充。[④]

索恩(Ji-Won Son)研究了教材对学生的能力要求。他发现，教师会根据教材中例题所要求的能力水平在课堂上教学，教材中设定的例题的能力要求决定了教师在实际教学中对例题的能力要求。但是，在实际教学中，教师会根据教材类型、教学目的、自己的知识背景、对学生学业成

① Susan S. Stodolsky, *The Subject Matters: Classroom Activity in Math and Social Studies*, Chicago, University of Chicago Press, 1988, pp. 31-48.

② Rebecca Barr & Marilyn W. Sadow, "Influence of Basal Programs on Fourth-Grade Reading Instruction", *Reading Research Quarterly*, 1989, 24(1), pp. 44-71.

③ Donald J. Freeman & Andrew C. Porter, "Do Textbooks Dictate the Content of Mathematics Instruction in Elementary Schools?" *American Educational Research Journal*, 1989, 26(3), pp. 403-421.

④ James E. Tarr, Oscar Chavez, Barbara J. Reys & Robert E. Reys, "From the Written to the Enacted Curricula: The Intermediary Role of Middle School Mathematics Teachers in Shaping Students' Opportunity to Learn", *School Science and Mathematics*, 2006, 106(4), pp. 191-201.

就的知觉和教师培训等因素提高或者降低对问题的能力要求。[1]

从上述研究中可以发现，教材并不能决定课程实施的内容，它只是教师教学过程中选择教学内容的一个来源。弗里曼和波特总结认为，教师会对教材中涉及的内容进行教学，至于如何教学则由教师自己决定。通过回顾以往课程实施的研究发现，教师几乎很少会涉及数学教材后 1/3 的内容。[2]

(二)教师在课程实施中的角色

在美国，大多数教师认为，一个好的教师应该尽量避免完全按照教材教学，这可能是决定教材在整个课程传递过程中定位的主要原因。关于教材与教师在教学过程中的作用分析，引发了这样一个疑惑：教师到底是应该严格按照教材实施教学以保证教材的内容得以实施和传递，还是教材应当独立于教学过程，由教师来决定课程实施的内容？关于教师在课程体系中的角色与作用，主要有三类观点：严格执行(fidelity)、相互适应(mutual adaptation)和课程制定(curriculum enactment)。这三类观点处于一个连续体的不同位置：严格执行和课程制定处于连续体的两端，相互适应则处在中间位置。

1. 严格执行

持该观点的研究者假设课程知识完全是由课程专家在课堂外制定的，教师只是将预先设定的课程内容教授给学生。教师应当完全严格执行预先设定的课程。如果教师能够按照预先设定的课程知识进行教学，那么这个课程实施就是成功的，否则就是不成功或者不完全成功的。1977 年，富兰和庞弗雷特(Michael Fullan & Alan Pomfret)对 15 个课程实施的研究进行了分析，其中 12 个研究都持这个观点。这些研究聚焦于教师能在多大程度上执行预先设定的课程，以探明那些能够促进或者阻碍课程执行的因素。富兰和庞弗雷特发现课程实施效果中有 35％的变异来自实施的差异。但随着研究的不断深入，他们发现，完全执行预先设定的课程

---

① Ji-Won Son, "Elementary teachers' Mathematics Textbook Use in Terms of Cognitive Demands and Influential Factors: A Mixed Method Study", PhD diss., Michigan State University, 2008.

② Donald J. Freeman & Andrew C. Porter: "Do Textbooks Dictate the Content of Mathematics Instruction in Elementary Schools?" *American Educational Research Journal*, 1989, 26(3), pp. 403-421.

的可能性很小，因而他们将关注点集中在教师实施的程度上。[1]

2. 相互适应

相互适应观认为课程是编制者和实施者教师间的一种交互作用，编制者和实施者之间存在一定的协商和弹性。相互适应观认为变化是一个过程而非一个事件，课程实施是实施者和预先设定的项目目标、方法等之间相互影响和适应的过程。[2] 但是相比其他两个观点，该观点的区分并不是很明显，而且很容易与严格执行观相混淆。

3. 课程制定

课程制定观认为，课程是由教师和学生共同创造的教育经验；严格执行和相互适应两类观点均认为，外部创设的课程材料与合适的教学策略只是教师和学生使用的工具而已。课程制定观则关注实施的经验是什么？教师和学生是怎么产生这种经验的？外部因素对课程制定过程有什么影响？这些制定的课程对学生有什么样的影响？[3] 持该观点的研究者认为，课程知识是符合个人和外部标准的个人建构，变化不仅仅是行为的，而且存在于教师和学生的个人发展过程中。

二、课程标准与教材之间的关系

因教材 A 和教材 B 均为 2010 年出版，因此只能与 2001 年版课程标准进行比较。课程标准和 2 套教材的比较结果见表 6-1 和表 6-2。课程标准在第一、第二学段分别涉及 17 个和 27 个知识点，教材 A 和教材 B 两个学段所涉及的知识点与课程标准类似。虽然课程标准对"近似与有效数字"这个知识点没有要求，但 2 套教材在第二学段均涉及了该知识点。课程标准中要求教学的知识点，除了教材 B 第二学段未涉及"量的估计"外，2 套教材均覆盖了课程标准要求的所有知识点。但教材并不局限在课程标准要求的知识范围内，而是增加了课程标准并未要求的知识内容。例如，"近似与有效数字"是大数改写、分数和小数教学都会涉及的知识内容，

---

① Michael Fullan & Alan Pomfret, "Research on Curriculum and Instruction Implementation", *Review of Educational Research*, 1977, 47(2), pp. 335-397.

② Berman Paul, "Thinking About Programmed and Adaptive Implementation: Matching Strategies to Situations", in Helen M Ingram, Dean Mann & Bevely Hills, ed., *Why Policies Succeed or Fail*, Sage, 1980, pp. 205-227.

③ Jon Snyder, Frances Boin & Karen Zumwalt, "Curriculum Implementation", in Philip W. Jackson, ed., *Handbook of Research on Curriculum*, New York, Macmillan, 1992, pp. 402-435.

表 6-1　教材与 2001 年版课程标准的比较

知识点	2001年版课程标准 一～三年级	2001年版课程标准 四～六年级	教材A 一～三年级	教材A 四～六年级	教材B 一～三年级	教材B 四～六年级	教材A 一年级	教材A 二年级	教材A 三年级	教材A 四年级	教材A 五年级	教材A 六年级	教材B 一年级	教材B 二年级	教材B 三年级	教材B 四年级	教材B 五年级	教材B 六年级
整数意义	●	●	●	●	●	●	●	●		●			●	●		●		
整数运算	●	●	●	●	●	●	●	●		●			●	●		●		
整数运算律		●		●		●				●						●		
分数	●	●	●	●	●	●					●	●					●	●
小数	●	●	●	●	●	●			●	●	●				●	●	●	
分数与小数关系		●		●		●			●		●	●			●		●	●
百分数		●		●		●						●			●		●	●
分数与小数的运算律		●		●		●					●	●				●	●	
负数、整数及特点		●		●		●				●		●				●		
数论		●		●		●		●			●			●			●	
量的估计	●	●	●	●	●	●	●	●		●			●	●		●		
估算	●	●	●	●	●	●				●	●					●	●	
近似与有效数字				●		●						●			●	●	●	
比例概念		●		●		●												●

续表

知识点	2001年版课程标准 一~三年级	2001年版课程标准 四~六年级	教材A 一~三年级	教材A 四~六年级	教材B 一~三年级	教材B 四~六年级	教材A 一年级	教材A 二年级	教材A 三年级	教材A 四年级	教材A 五年级	教材A 六年级	教材B 一年级	教材B 二年级	教材B 三年级	教材B 四年级	教材B 五年级	教材B 六年级
比例应用		●		●		●						●						●
规律、关系与函数	●	●	●	●	●	●	●		●		●		●	●	●		●	
式与方程	●	●	●	●	●	●	●		●			●	●		●		●	●
测量单位	●	●	●	●	●	●	●		●	●	●		●	●	●	●	●	
周长、面积与体积	●	●	●	●	●	●	●			●	●	●	●	●	●	●	●	●
估测	●	●	●	●	●	●		●	●	●	●	●		●		●	●	
图形的基本元素	●	●	●	●	●	●	●	●	●	●	●		●	●	●	●		
平面几何	●	●	●	●	●	●	●	●	●	●	●	●	●	●	●	●	●	●
立体几何	●	●	●	●	●	●	●	●		●	●	●	●	●	●	●	●	●
方向与位置	●	●	●	●	●	●	●	●		●			●	●		●		
图形转换		●	●	●	●	●		●		●	●			●		●	●	
尺规作图		●	●	●	●	●				●		●			●	●	●	
数据统计	●	●	●	●	●	●	●	●	●	●	●	●	●	●	●	●	●	●
可能性	●	●	●	●	●	●	●	●	●	●	●		●	●	●	●	●	
合计	17	27	18	28	17	27	10	11	11	14	16	14	11	13	15	17	17	10

若不对该知识点进行教学，则很难对上述知识点进行进一步教学。因此，从知识点之间的相互关系来看，该知识点是必须教学的，但是课程标准未对该知识点做出明确要求。可以看出，虽然课程标准在课程体系中处于最权威的地位，但是教材编写者在编写教材时会根据知识体系的逻辑关系补充一定的知识内容，以弥补课程标准的疏漏与不足。

表 6-2 教材与 2001 年版课程标准的知识点比较结果

学段		教材 A		教材 B	
		涉及	不涉及	涉及	不涉及
第一学段	要求	17	0	17	0
	无要求	1	——	0	——
第二学段	要求	27	0	26	1
	无要求	1	——	1	——

从学段来看，教材严格按照课程标准的要求落实，但具体到各个年级时可以发现，小学阶段课程标准所涉及的 28 个知识点中仅有 13 个知识点在 2 套教材 6 个年级的设计上是完全一致的，仅占总知识点数量的 46.4%。同一个课程标准落实到 2 套教材时就产生了巨大的差异，如果涉及的教材版本更多，版本之间的一致性势必会进一步降低，差异会继续增大。数学学科本身具有严密逻辑的体系，数学的学习过程具有一定的顺序性、逻辑性。如何遵循数学学科的规律，科学设计数学课程知识体系，并且落实到教材是一个非常重要的问题。目前，每一套教材虽然基本都符合课程标准的要求，但是在进一步落实的过程中存在各种差异。如果教材的编排未能充分尊重数学学科的规律与逻辑，这种教材设计的"自由"就可能会对数学教学产生较大的负面影响，破坏数学本身的体系，扰乱教师的正常教学，妨碍学生获取数学知识。已有研究发现，若能够在课程标准中对数学知识的安排做进一步规定与要求，能够大大减少教材编写"自由"带来的风险与不良影响。

三、课程标准、教材与课程实施之间的关系

参与课程实施调查的教师共使用 4 套不同的教材：A、B、C、D。教材B 在各个年级的使用率均在 50% 以上；教材 A 在三年级的使用率高于四、

五年级；教材 C 仅在四、五年级使用，且在这两个年级使用率很低；教材 D 在四、五年级的使用率相近，但在三年级的使用率比较低，仅为 3.0%。具体见图 6-1。

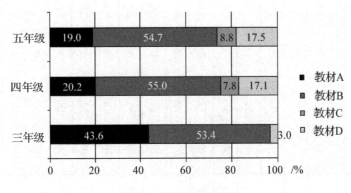

图 6-1　教材使用比例

（一）课程内容覆盖

使用不同版本教材的教师，其课程内容覆盖的结果见表 6-3。无论使用哪个版本的教材，半数以上教师涉及的知识点数量和知识内容分布都比较相像：三年级主要涉及整数意义、整数运算、分数、小数、分数与小数关系、估算、测量与几何，使用教材 A 和教材 B 的教师还涉及统计与概率方面的内容；除了三年级涉及的内容外，4 套教材在四年级还涉及分数与小数的性质，使用教材 A 的教师还涉及统计方面的内容；五年级对整数的关注减少，转移到分数、小数及数概念等知识内容上。超过半数教师教授的知识点在各版本教材上的分布见表 6-4。

将教师教授的知识点与教材涉及的知识点（见表 6-1）相比较可以发现，半数以上教师教授的知识点并不完全与其所使用的教材涉及的知识点一致。在使用教材 A 的教师中，三个年级中半数以上教师教授的知识点总数为 32 个，其中 25 个（78%）知识点与教材相匹配；而使用教材 B 的教师中，三个年级中半数以上教师教授的知识点总数为 30 个，其中 24 个（80%）知识点与教材相匹配（见表 6-4）。

将教师教授的知识点与课程标准的内容要求（见表 6-1）相比较可以发现，除教材 A 和教材 B 中的"分数与小数关系"这一知识点外，无论使用哪套教材，半数以上教师所教授的知识点均在课程标准的要求范围之内。

表 6-3 使用不同版本教材的教师课程内容覆盖情况

单位:%

课程内容	教材A 三年级	教材A 四年级	教材A 五年级	教材B 三年级	教材B 四年级	教材B 五年级	教材C 四年级	教材C 五年级	教材D 三年级	教材D 四年级	教材D 五年级
整数意义	57.6	73.1	46.2	72.7	77.9	47.2	80	72.7	100	72.7	52.2
整数运算与整数运算律*	93.2	96.2	50	90.9	95.6	56.9	90	63.6	100	90.9	47.8
分数	88.1	53.8	100	92.4	69.1	100	100	100	25	81.8	100
小数	89.8	92.3	53.8	87.9	92.6	58.3	90	54.5	50	100	52.2
分数与小数关系	55.9	73.1	100	51.5	66.2	69.4	60	90.9	25	63.6	60.9
百分数	22	19.2	26.9	21.2	45.6	20.8	20	54.5	25	31.8	26.1
分数与小数的运算律	22	53.8	61.5	27.3	70.6	54.2	80	90.9	25	68.2	65.2
负数、整数及特点	18.6	11.5	11.5	19.7	60.3	15.3	10	54.5	0	36.4	34.8
数论	15.3	7.7	30.8	16.7	19.1	52.8	20	63.6	0	27.3	52.2
估计与数感	98.3	100	65.4	93.9	97.1	62.5	70	63.6	75	90.9	65.2
比例概念	15.3	11.5	23.1	19.7	22.1	15.3	10	18.2	0	22.7	17.4
比例应用	15.3	11.5	26.9	18.2	19.1	13.9	10	18.2	0	22.7	21.7
规律、关系与函数	11.9	3.8	19.2	16.7	13.2	6.9	10	0	0	13.6	0
式与方程	10.2	3.8	15.4	15.2	11.8	11.1	20	9.1	0	13.6	8.7
测量单位	94.9	69.2	73.1	93.9	79.4	69.4	70	90.9	100	81.8	60.9

续表

课程内容	教材 A			教材 B			教材 C			教材 D	
	三年级	四年级	五年级	三年级	四年级	五年级	三年级	四年级	五年级	四年级	五年级
周长、面积与体积	98.3	42.3	100	93.9	47.1	91.7	50	60	90.9	54.5	95.7
估测	69.5	53.8	42.3	47	55.9	58.3	50	50	45.5	72.7	43.5
图形的基本元素	44.1	92.3	26.9	45.5	85.3	41.7	25	90	27.3	95.5	47.8
平面几何	20.3	19.2	11.5	16.7	17.6	16.7	0	20	27.3	22.7	26.1
立体几何	16.9	7.7	26.9	13.6	16.2	20.8	0	10	36.4	22.7	39.1
图形转换	27.1	7.7	53.8	40.9	25	22.2	0	10	9.1	27.3	17.4
数据统计	67.8	65.4	65.4	50	42.6	41.7	25	30	36.4	31.8	52.2
可能性	57.6	26.9	46.2	39.4	48.5	33.3	0	10	9.1	36.4	39.1

注："*"表示将"整数运算"与"整数运算律"知识点合并分析。

表 6-4 半数以上教师教授的知识点数量　　　　　　　单位：个

年级	教材 A	教材 B	教材 C	教材 D
三年级	11（9）	9(7)	—	7
四年级	11（7）	11(8)	11	11
五年级	10（9）	10(9)	12	10
合　计	32(25)	30(24)	23	28

注：①括号内为半数以上教师教授的知识点与对应教材涉及的知识点的匹配数量。

②"—"表示无该项内容。

施密特等研究者（2001）对 TIMSS 参与国和地区的分析发现，教材的内容安排与教师的教学内容覆盖和教学时间安排均有显著的相关关系。[1]本研究中，虽然教材对教师选择教学内容的影响不如课程标准，但教材与教师的教学内容也有较高的匹配度。因为教材也是根据课程标准编制的，即使对课程标准的内容要求进行了扩充与丰富，主体部分仍然是与课程标准相符的，因此与教师的教学内容有较高的匹配度。

通过与课程标准的比较可以发现，课程内容虽然经过了教材的传递，但教师还是严格按照课程标准来确定教学内容，因此无论使用什么版本的教材，学生都能接触到课程标准规定的内容。我国课程标准在整个课程体系中具有权威性与规范性，从而使教材在课程内容中的作用相对弱化，这是由我国的课程体系特点决定的。

从半数以上教师教授的知识点内容来看，有 80% 左右的知识点与教材内容相匹配，但与课程标准的内容要求吻合度接近 100%，可见课程标准对教师选择和确定课程内容所起的巨大作用。相比教材中的内容，教师更加严格遵循课程标准的内容要求。这是因为在我国，各类测试及其相关评价都是严格按照课程标准的内容编制的。因此，要保证学生能够学到考试中可能会遇到的测试内容，教师根据课程标准来选择教学内容是最为保险和有效的方法。它可以保证学生不会因为使用不同版本的教

---

[1] William H. Schmidt, Curtis C. McKnight & Richard T. Houang, *Why Schools Matter: A Cross-National Comparison of Curriculum and Learning*, San Francisco, Jossey-Bass, 2001, pp. 178-180.

材而受到影响。

（二）课程准备

在各个知识点上，教师报告"准备得较好"及以上（以下简称"有准备"）的具体知识点数量统计情况见表 6-5，人数比例结果见表 6-6。从中可以发现，教师们对大部分知识点均有较好的准备，但在"规律、关系与函数""式与方程""立体几何"及"图形转换"4 个知识点上，教师的准备不够充分，部分教师在"数论"和"平面几何"知识点上准备不够充分。

表 6-5　课程标准、教材和教师有准备情况的比较　　　单位：个

年级	课程标准	教材 A		教材 B		教材 C		教材 D	
		教材[a]	教师[b]	教材[a]	教师[b]	教材	教师[b]	教材	教师[b]
三年级	21	16(16)	25(18)	18(15)	25(17)	—	—	—	26(19)
四年级	30	9(7)	25(25)	13(11)	24(24)	—	24(24)	—	25(25)
五年级	30	21(18)	27(27)	22(18)	26(26)	—	25(25)	—	28(28)
合计	81	46(41)	77(70)	53(44)	75(67)		49(49)		79(72)

注：①[a]：括号外为教材涉及的知识点数量；括号内为教材涉及的课程内容中，半数以上教师报告有准备的知识点数量。

②[b]：括号外为半数以上教师报告有准备的知识点数量；括号内为课程标准涉及的课程内容中，半数以上教师报告有准备的知识点数量。

③"—"表示无该项内容。

对照教材 A、B 所涉及的知识点（见表 6-1）可以发现，教材 A 在三个年级共涉及 46 个知识点内容，半数以上教师表示有准备的知识点数量为41 个，占 89%；教材 B 在三个年级共涉及 53 个知识点，半数以上教师表示有准备的知识点数量为 44 个，占 83%。

对照课程标准的内容要求（见表 6-1）可以发现，三～五年级课程标准共涉及 81 个知识点，使用教材 A 的教师中，半数以上教师表示有准备的知识点数量为 70 个，占 86%；使用教材 B 的教师中，半数以上教师表示有准备的知识点数量为 67 个，占 83%。

（三）教学时间

将各个知识点教学时间累积到上一级指标的结果见表 6-7。可以发现，无论使用哪套教材，在一学年中，教师至少将 60% 的时间用于算术

表 6-6 教师在课程知识点上有准备的人数比例

单位：%

课程内容	教材 A			教材 B			教材 C			教材 D	
	三年级	四年级	五年级	三年级	四年级	五年级	三年级	四年级	五年级	四年级	五年级
整数意义	89.7	96.2	100	95.3	91.2	87.5	100	80	81.8	80	95.7
整数运算	98.2	100	100	96.9	97.1	94.4	100	100	100	85	100
整数运算律	93	100	100	98.4	97.1	98.6	100	100	100	81	91.3
分数—意义与表示*	91.4	96.2	100	96.9	91.2	98.6	100	100	100	76.2	95.7
分数—等值和假分数*	82.8	92.3	100	85.9	85.3	95.8	100	60	100	66.7	100
分数—排序*	89.7	96.2	100	92.1	88.2	93.1	100	80	100	81	82.6
分数—加减法*	98.3	100	100	96.9	98.5	100	100	100	100	85.7	95.7
分数—乘法*	98.3	100	100	96.9	97.1	97.2	100	100	100	81	95.7
分数—除法*	98.3	100	100	96.9	95.6	95.8	100	100	100	81	91.3
分数—通分*	94.8	100	100	98.4	89.7	98.6	100	100	100	81	95.7
小数	96.6	100	100	92.3	95.5	98.6	100	100	90.9	76.2	95.7
分数与小数关系	93.1	100	100	85.5	85.1	95.8	100	100	100	65	95.7
百分数	87.9	92.3	100	84.1	87.9	91.4	100	90	90	65	91.3
分数与小数的运算律	89.7	96.2	100	84.6	85.3	91.5	100	100	100	81	95.7
负数、整数及特点	74.5	76	69.2	71.4	81.5	71.4	33.3	50	80	60	77.3

续表

课程内容	教材 A			教材 B			教材 C			教材 D	
	三年级	四年级	五年级	三年级	四年级	五年级	三年级	四年级	五年级	四年级	五年级
数论	42.6	61.5	52	53.2	37.5	67.2	50	33.3	36.4	47.4	57.1
估计与数感	93.1	96.2	88.5	89.2	80.6	85.7	100	90	90.9	71.4	82.6
比例概念	67.2	92.3	88.5	75	74.6	82.1	100	66.7	90.9	71.4	86.4
比例应用	52.6	80.8	84	62.5	66.7	78.5	75	66.7	81.8	66.7	81.8
规律、关系与函数	23.6	31.8	39.1	24.5	32.8	22.8	0	11.1	10	31.6	47.4
式与方程	20	22.7	27.3	17.3	24.1	19.3	0	11.1	20	21.1	36.8
测量单位	91.2	96.2	96.2	92.3	88.2	90.3	100	90	100	85.7	87
周长、面积与体积	87.9	100	100	89.2	89.7	95.8	100	90	100	81	95.5
估测	82.8	84.6	96.2	82.3	80.6	85.9	100	80	81.8	66.7	78.3
图形的基本元素	81.5	91.3	91.7	83.1	90.3	91	50	88.9	90	76.2	90.9
平面几何	51.9	43.5	69.6	41.5	45.6	51.6	50	44.4	55.6	65	65
立体几何	34	31.8	47.8	34	37.5	28.1	0	11.1	10	52.6	61.9
图形转换	37	40.9	56.5	43.9	37.5	37.1	50	22.2	11.1	36.8	60
数据统计	57.1	68.2	88	61	57.6	69.2	50	55.6	80	45	76.2
可能性	56.1	54.4	80	64.4	66.1	53.2	50	55.6	70	50	66.7

注："-"表示为进行比较，分析框架将"分数"知识点进行了细分。

和算术过渡这两大类知识的教学，将 10%～30% 的时间用于几何方面知识点的教学，剩余的时间则用于其余各类知识点的教学。

表 6-7 教师在课程知识内容上的教学时间分布 单位：%

课程内容	教材 A			教材 B			教材 C		教材 D		
	三年级	四年级	五年级	三年级	四年级	五年级	四年级	五年级	三年级	四年级	五年级
算术	39.3	42.5	14.2	41.8	35.9	16.3	38.5	21.5	64.9	33.5	17.3
算术过渡	30.1	33.4	50.2	33.2	43.8	56.0	38.6	56.6	23.0	43.6	50.3
数据阐释	4.1	4.4	3.6	2.6	2.0	3.0	1.4	1.7	0.4	1.3	3.3
代数	1.3	0.5	2.5	1.8	1.5	1.5	1.6	0.1	0.0	0.8	0.3
几何	15.6	15.8	25.4	16.3	12.0	19.8	17.6	18.1	10.7	15.6	25.6
其他	9.5	3.4	4.3	4.3	4.8	3.4	2.2	2.0	1.1	5.2	3.1

以教师的教学时间为因变量，教材版本为自变量，按年级分别进行多元方差分析，结果见表 6-8。这表明在三、四年级，教材的版本对教师的教学时间有显著作用。$Wilks_{三年级} = 0.76$，$F_{三年级}(10244) = 3.65$，$p < 0.001$；$Wilks_{四年级} = 0.73$，$F_{四年级}(18326.15) = 2.63$，$p < 0.001$。其中，三年级时，教材在算术、数据阐释两个类别的教学时间上主效应显著，$F_{算术}(2126) = 3.37$，$p < 0.05$，$\eta^2 = 0.05$；$F_{数据阐释}(2126) = 3.99$，$p < 0.05$，$\eta^2 = 0.06$。四年级时，教材在算术过渡、数据阐释和几何三个类别的教学时间上主效应显著，$F_{算术过渡}(3122) = 3.62$，$p < 0.05$，$\eta^2 = 0.08$；$F_{数据阐释}(3122) = 4.41$，$p < 0.01$，$\eta^2 = 0.10$；$F_{几何}(3122) = 2.74$，$p < 0.05$，$\eta^2 = 0.06$。

表 6-8 多元方差分析结果

课程内容	MANOVA(F)		
	三年级	四年级	五年级
算术	3.37*	1.68	1.14
算术过渡	1.22	3.62*	2.06
数据阐述	3.99*	4.41**	0.44
几何	1	2.74*	3.19*
代数	0.54	0.76	1.95

注："*"表示 $p < 0.05$，"**"表示 $p < 0.01$。

　　进一步的事后检验结果见表 6-9。在三、四年级，教材 A 和 D（$Wilks_{三年级} = 2.80$，$p < 0.05$；$Wilks_{四年级} = 3.94$，$p < 0.01$)、教材 A 和 B($Wilks_{三年级} = 5.61$，$p < 0.001$；$Wilks_{四年级} = 4.86$，$p < 0.001$)在教学时间的安排上有显著差异。其中，在三年级时，教材 A 和 D 在算术的教学时间上主效应显著，$F(1126) = 6.67$，$p < 0.05$；教材 A 和 B 在数据阐释教学时间上的主效应显著，$F(1\ 126) = 5.57$，$p < 0.05$。在四年级时，教材 A 和 D 在算术[$F(1122) = 4.19$，$p < 0.05$]、算术过渡[$F(1122) = 5.96$，$p < 0.05$]和数据阐释[$F(1122) = 9.9$，$p < 0.01$]的教学时间上主效应显著；教材 A 和 B 在算术过渡[$F(1122) = 9.89$，$p < 0.01$]、数据阐释[$F(1122) = 9.81$，$p < 0.01$]和几何[$F(1122) = 4.13$，$p < 0.05$]的教学时间上主效应显著。

表 6-9　多元方差分析事后检验结果

		事后检验结果(F)				
		算术	算术过渡	数据阐述	几何	代数
三年级 (1126)	D vs. A	6.67*	0.8	3.85	1.46	0.41
	D vs. B	5.48*	1.64	1.32	1.92	0.78
	A vs. B	0.52	1.2	5.57*	0.25	0.46
四年级 (1122)	D vs. A	4.19*	5.96*	9.9**	0.01	0.08
	B vs. C	0.26	1.16	0.21	4.19*	0.01
	D vs. B	0.41	0.01	0.6	3.26	0.81
	A vs. B	3.56	9.89**	9.81**	4.13*	1.75
	D vs. C	0.75	0.83	0.01	0.43	0.46
	A vs. C	0.5	0.94	5.57*	0.36	0.86
五年级 (1128)	D vs. A	0.96	0	0.03	0.01	4.39*
	B vs. C	2.04	0.02	0.8	0.23	1.38
	D vs. B	0.15	3.3	0.07	5.09*	1.71
	A vs. B	0.67	3.82	0.22	5.15*	1.57
	D vs. C	1.02	1.69	0.92	3.62	0.03
	A vs. C	3.26	1.84	1.22	3.53	3.43

　　注："*"表示 $p < 0.05$，"**"表示 $p < 0.01$。

相比教材对教师选择教学内容的影响，教材对教师实施课程的影响更明显地体现在教学时间的分配上。教师在不同知识点上分配的教学时间受到其所使用教材的影响，且这种由不同版本教材引起的差异达到了显著水平。这说明教材在教师的教学中也发挥着重要作用，该结论与施密特等研究者的结论相一致。课程标准只是对课程内容做出了明确的要求，并没有对课程内容所应分配的教学时间做出要求或进行说明。因此，对于教师而言，教材成为其设计、分配教学时间所能依据的第一手资料。

四、小结

(一)课程传递的测量

本节在第五章课程分层测量的基础上进行了比较和关联分析。在课程内容方面，主要是基于文本分析的结果，在统一的框架下对课程不同层面进行跨层比较，获得了大量信息。在课时方面，通过问卷调查获得的量化数据为本节的各种统计分析奠定了基础。

(二)课程标准、教材和教师在课程传递中的地位与作用

基于质性与量化混合方法的使用，本节通过对课程三个层面的比较分析发现，三者在课程传递中都起着重要作用，每个层面在课程体系中都有各自独特的地位和作用，是其他课程层面所不能替代的。课程标准在课程体系中具有绝对的权威作用，各套教材严格按照课程标准的内容要求编写，仅进行了稍微扩充，教师严格按照课程标准的要求选择教学内容。虽然教材是教师教学过程中的重要资料和教学依据，但是教材对教师课程内容选择的影响小于课程标准。相比之下，教材对教师的课时安排有着重要影响，使用不同版本教材的教师在其课时安排上存在显著差异。

本节从课程传递的角度出发，发现我国数学教师在课程实施中是目标课程的忠实执行者，其对教学内容的选择严格按照课程标准的要求进行。教师并不是教材的严格执行者，但其在课程实施过程中受到了教材的重要影响。我国采用的是全国统一的课程标准，它既是教材编写、教师教学的唯一标准与纲要，又是课程评价与各类考试的唯一依据。这使其在整个课程体系中的地位与作用得到进一步加强，教师也因此严格按照其要求实施课程。

教材虽然对教师实施课程仍有着重要影响，但课程改革之后，教材编写权力下放，教材的权威性有所下降，教师、学校、地区都有自由选择教材的权利，从而使教师不再像课程改革前那么严格地执行教材。在课程实施中，教师能够根据自己对课程的理解和诠释以及学生已有的知识基础更自由地发挥。学生所接触到的课程，是教师严格按照课程标准的要求，与教材交互作用的结果。

(三)课程传递过程中学习机会的差异比较

从目标课程与实施课程分层分析的结果比较来看，随着课程的逐层传递，学生所能获得的学习机会的差异在逐步增大。

通过课程的分层分析可以发现，相比教材，教师更严格地按照课程标准的要求来确定自己的教学内容，使用不同教材的教师事实上在课程内容的选择上具有更大的相似性。所以在课程内容的接触机会上，虽然在文本课程层面这种差异被加大，但是到实施课程层面，通过教师的实施，这种差异被缩小了，由教材带来的课程内容的不公平性被降低了。在课程内容上，学习机会的公平与否可以从两个角度分析：以目标课程对内容的要求为标准，从相应的学段末学生必须学习的课程内容来看，无论使用哪套教材或者由哪个教师来教学，对学生而言，其所能获得的课程的学习机会是公平的，因为课程的内容要求在教材和教师的课程内容选择中能够得到切实保障。但如果从学生所能接触到的课程内容来看，使用不同教材、由不同教师教学的学生，其所能接触到的学习机会并不一致，且可能存在较大的差异。

在教学时间上，教师之间存在较大的个体差异，且这种差异直接受到教材的影响。也就是说，学生在课堂上对同一个知识点接触的时间可能存在较大差异。这种差异从教材就开始出现，而且这种差异在课程实施层面被教师进一步放大。通过对课程三个层面传递过程的深入分析可以发现，就我国学生在小学数学上的学习机会而言，在课程内容方面，学生所能获得的学习机会相对公平，但是在教学时间方面，学生所能获得的学习机会存在较大差异。

第二节 小学数学课程模型的构建

课程内容的习得是一个复杂的过程，大量心理学与教育学研究表明，学生获得知识受到多方面因素影响，课程、家庭背景、已有的知识基础、个体的认知能力水平等众多因素在课程传递中时刻与教学过程产生着复杂互动。课程内容的习得是这些因素交互作用的结果，任何一个因素都无法单独决定学生课程内容习得的效果。通过对这些影响学生课程内容习得的因素的分析可以发现，相比学生的家庭背景、已有的知识基础等因素，课程是人们能够改善与改变的，而且能够在群体水平上发生改变。这正是各国如此重视课程，希望通过课程改革不断地提高年青一代综合素质的关键所在。

课程的最终目的是要把知识传递给学生，使其内化到学生的知识体系中。无论课程三个层面是如何设计与安排的，其最终目的都是更好地将课程预设的内容、情感和态度传递给学生。本节以小学数学为例，对课程各层面间的相互关系进行深入分析与讨论，着重关注课程各层面对课程效果的影响，基于实证数据，构建起我国小学数学课程运作机制模型。

一、课程模型构建的相关研究回顾

课程是一个复杂的体系，其各个层面之间并不是孤立运作的，而是相互之间存在着大量的交互作用。但由于其本身结构与运作机制的复杂性，到目前为止，关于课程跨层关系的研究仍然较少，仅施密特等研究者利用 TIMSS 的数据探索了课程体系各层面之间的关系。① 通过结构方程模型的分析，在参与 TIMSS 八年级数学测试的国家与地区中，它们的课程各层面相互之间的关系被划分为 4 个不同类别的模型，具有鲜明的地区特色。施密特等研究者认为，4 类不同的课程模型更多的是文化的体现，具有相同语言、相近文化的国家和地区的课程模型更加相似。4 类模

---

① William H. Schmidt, Curtis C. McKnight & Richard T. Houang, *Why Schools Matter: A Cross-National Comparison of Curriculum and Learning*, San Francisco, Jossey-Bass, 2001, pp. 327-330.

型具体如下。

日本、韩国和新加坡等 TIMSS 研究中的亚洲国家与中国香港地区，以及俄罗斯和捷克均属于第一类课程模型，具体见图 6-2。在第一类模型中，课程体系内部逐层之间存在大量互动关系，课程标准对教材覆盖、教学时间和成绩增长都有直接影响，教材覆盖对教学时间以及教学时间对学生的成绩增长都有直接影响，但教材覆盖对学生的成绩增长没有直接影响。

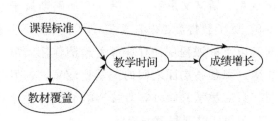

图 6-2 TIMSS 第一类课程模型

丹麦和冰岛属于第二类课程模型，具体见图 6-3。其课程体系内部的互动相对于第一类更为简单，课程标准仅对教材覆盖和成绩增长有直接影响，对教学时间没有直接影响，教材覆盖对教学时间有直接影响，但是教学时间并没有直接对学生的成绩增长产生影响。总体而言，在这类课程模型中，教师的教学时间相对孤立，仅受教材覆盖的影响，与课程其他层面没有发生关联。

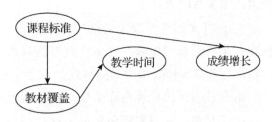

图 6-3 TIMSS 第二类课程模型

德国和澳大利亚属于第三类课程模型，具体见图 6-4。这是所有类别中最为简单的一个模型，仅教材覆盖与教学时间对成绩增长具有直接预测作用，其他课程各层面之间不存在直接联系。

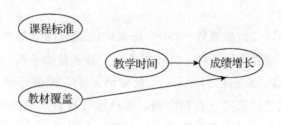

图 6-4　TIMSS 第三类课程模型

罗马、斯洛伐克、斯洛文尼亚、希腊和塞浦路斯属于第四类课程模型，具体见图 6-5。除了教材覆盖没有直接对教学时间产生影响外，其他课程各层面均对其以下的课程层面存在显著预测作用。第四类模型与第一类模型比较相像，课程各层面之间的关系比较紧密，但是在第一类课程模型中，教材覆盖对教学时间具有直接影响而教材覆盖对成绩增长没有直接影响，正好与第四类课程模型相反。

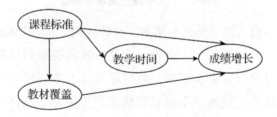

图 6-5　TIMSS 第四类课程模型

二、课程效果的测量与模型构建

课程的实施最终会落实到学生身上，学生是否掌握了所教的知识、掌握到了什么程度、是否具备了课程标准所欲培养的对数学学科应有的情感态度与价值观，这些是课程效果的最终体现，也是大家的关注所在。要构建课程体系的运作模型，课程效果即学生对数学课程的习得是模型的重要因变量。本研究对参与课程实施调研的中国教师所教的学生进行了数学学业成就测试与问卷调查，获取了关于课程效果的重要数据。调查共涉及 40 所小学三～五年级的 19724 名学生，具体见表 6-10。

表 6-10 学生样本分布 单位：人

年级	性别		合计
	男	女	
三年级	3273	2905	6178
四年级	3546	3135	6681
五年级	3585	3280	6865
合计	10404	9320	19724

所使用的数学学业成就测试平均信度为 0.8，两位数学学科教育专家和三位从事小学数学教学实践的专家对工具从所测内容的范围和代表性、项目与所欲测量特质之间的关联性、题目形式对内容的适当性等若干方面进行分析评价，结果五位专家评价的一致性达到 98.5%。工具的平均难度为 0.6，各个项目的区分度主要集中在 0.3～0.6。所使用的问卷对学生的情感态度、家庭情况、父母期望等进行了调查。在获得课程效果的基础上，本节采用结构方程模型构建课程模型。由于我国使用全国统一的课程标准，其无法参与模型的构建，因此构建的模型中没有课程标准的信息。

三、课程模型的具体构建

基于对课程各个层面的测量以及层面之间的关联与比较分析，本研究假设课程运作机制模型如图 6-6 所示。

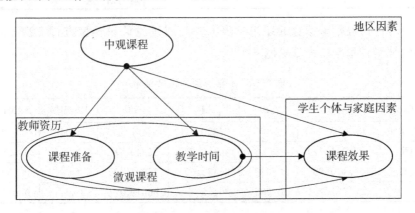

图 6-6 课程运作机制模型

　　具体数据分析分为三步：首先，在班级层面，合成课程效果在各知识内容维度上的得分；其次，根据数学课程标准对数学知识内容的划分，确定教师课程准备和课程效果的维度，合成维度分；最后，确定课程效果的影响因素，见表 6-11，作为协变量放入模型，只保留具有统计显著性水平的控制变量，最终建立起完整的课程运作机制模型。[1]

表 6-11　课程模型的环境因素

影响因素	变量说明	计分
地区	学校所在地区	1～4，1 为市区，4 为农村
家庭作业时间	在家学习或者完成数学作业的时间	0～4，0 为时间最少
家庭藏书	家庭藏书(不包括杂志、报纸和课本)	0～4，0 为没有
家庭拥有物	家中是否有被问到的物品	按物品数量累计，0～10
父亲学历	父亲所获得的学历	0～5，0 为学历水平最低
母亲学历	母亲所获得的学历	0～5，0 为学历水平最低
学历期望	学生期望自己获得的学历	0～5，0 为学历水平最低
内部学习动机	来源于兴趣、对数学难易的感知等(4道题)	0～3，0 为动机水平最高
外部学习动机	来源于父母、升学的需求等(2 道题)	0～3，0 为动机水平最高
课外辅导	在校外参加课外辅导的时间	0～3，0 为时间最少
教师资历	教师的第一学历	0～4，0 为大专以下，4 为博士研究生

　　理论假设模型拟合的结果见表 6-12，对理论假设模型进行 3 次修正后实现最佳拟合，模型见图 6-7。

表 6-12　课程模型的拟合结果

模型	$\chi^2(df)$	CFI	AIC	BIC	RMSEA	SRMR
模型一	243.824(130)	0.960	27259.126	27457.047	0.048	0.033
模型二	132.924(79)	0.968	26463.739	26649.785	0.055	0.035
模型三	136.110(78)	0.980	26431.672	26621.677	0.044	0.033
模型四	127.581(77)	0.982	26425.143	26619.106	0.041	0.032

---

[1] 王烨晖、边玉芳：《课程评价模型的理论建构与实证分析》，载《教育学报》，2015(5)。

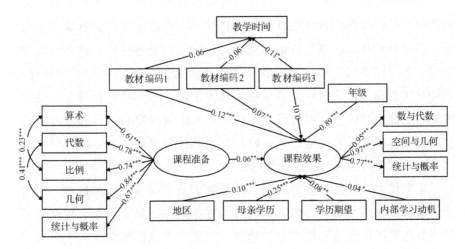

注：①"教材编码 1"表示教材 A、B、C 与教材 D 比较，"教材编码 2"表示教材 A、
　　B 与教材 C 比较，"教材编码 3"表示教材 A 与教材 B 比较。
　　②"*"表示"$p<0.05$"，"**"表示"$p<0.01$"，"***"表示"$p<0.001$"。

图 6-7　我国小学数学课程运作机制模型

从构建的课程模型可以看出，课程是一个复杂的系统，它的运作不是简单的自上而下的传递或执行过程，每个层面都有各自的运作特点，各层面之间存在大量的交互作用。

（一）中观课程对微观课程的影响

通过对小学数学课程运作机制模型的构建可以发现，中观课程对微观课程有重要的影响作用。具体来看，教材对教师的教学时间和课程准备两个方面的影响作用并不相同。

1. 教材对教师教学时间的安排具有重要影响

从构建的模型可以发现，教材对教师课程实施中教学时间的分配具有重要影响作用。教师在不同知识内容上分配的教学时间受到其所使用的教材影响，且这种由不同版本教材引起的差异达到了显著水平，该结论与施密特等研究者的结论一致。因为在目标课程层面，课程标准只是对课程内容做出了明确的要求，并没有对课程内容所应分配的教学时间做出要求或进行说明。因此，对于教师而言，教材成为其设计、分配教学时间所能依据的第一手资料。

课程标准对所需教学的知识点内容做出具体规定，而教材负责对其进行整体设计与安排，使之具有可操作性。那么在对内容进行设计的时候，必定要对其做出更为精细的安排，包括前后顺序设定、教学重点的选择、知识内容的详略安排、各个知识点上时间的投入等一系列问题。教师是无法在课程标准中找到这些具体要求的，因而只有通过其所使用的教材获取这些信息。由此可见，教材在教师的课程实施过程起着重要作用，在课程标准为教师的教学内容划定具体的界限之后，教材对教师具体实施课程起着重要的指导作用。

本节仅关注教材对教师课程实施过程中教学时间安排的影响，事实上，教材从各个方面如具体知识内容的安排顺序、例题教学、进度安排等为教师的课程实施提供了各种建议。因此，中观课程会在多个方面对教师的课程实施产生重要影响，但这仍需要进一步研究。

2. 教材对教师的课程准备没有直接影响

从建构的模型来看，教材对实施课程的另一个指标——教师的课程准备没有显著的影响作用。教师的课程准备更多的是教师已有的专业知识基础、教学经验及后续教师培训的综合体现，反映了教师本人对数学知识体系的掌握和理解程度，是一种日积月累的效应，外在的课程体系在其中的作用并不大。

(二)中观课程对课程效果的影响

教材直接对学生的课程习得有重要影响，因为教材是教学过程中教师和学生同时接触的唯一文本，教材本身质量的好坏直接影响着学生课程习得的质量。不同版本的教材对学生课程知识习得的作用不同，从图6-7中可以看出，使用教材A、B和C的学生，其平均课程习得的状况要好于使用教材D的学生；且使用教材A和B的学生，其平均课程习得情况又要好于使用教材C的学生；使用教材A和B的学生，其课程习得之间并无显著差异。对比教材对教学时间的影响发现，在4套教材中，仅教材A和B对教师教学时间的安排产生显著影响。这种影响与教材对学生课程习得的影响并不相同。

第五章第二节的分析发现教材A和B虽同属于顺序型教材，但两者所属的子类不同。相比较而言，教材A更多地体现了"螺旋式上升"的教

材编写意图，而教材 B 更多地继承了课程改革前的教材编写理念。从本
节构建的模型结果可以发现，2 套教材对课程效果的直接影响并不存在显
著差异，但教材 A、B 与其他教材的课程效果差异达到了显著水平。因
此，虽然教材 A、B 在教材编写理念、知识内容安排上存在差异，但是两
者对课程知识内容的安排都是科学合理的，仍然能够获得相似的课程
效果。

（三）微观课程对课程效果的影响

微观课程对学生课程的习得有重要影响，但不同指标对课程效果的
影响不同。

1. 教师的教学时间对学生的课程习得没有直接影响

从模型中可以看出，教师的教学时间对学生的课程习得并没有产生
直接的显著影响。这说明教师对于具体知识点投入时间的多少并不能直
接决定学生课程习得的效果。相比简单的时间投入的多少，课程实施本
身的质量是影响学生课程习得效果更为重要的因素。

结合教材对教师教学时间安排的影响及其对课程效果的影响可以发
现，虽然教材对教师的教学时间安排产生了重要影响，但是这种在教师
身上的差异并没有进一步传递给学生。这充分说明课程体系的运作是一
个复杂的过程，而不是一个简单的传递或执行过程。

2. 教师的课程准备对学生的课程习得具有重要预测作用

相比于知识点与教学时间投入的多少，教师本身对知识点的准备程
度以及对知识点的理解、掌握与阐释更为重要。分析教材对课程实施的
影响可以发现，教师的课程准备较少受到课程体系的影响，更多是教师
自身素养的体现。要提高学生课程习得的质量，单纯依靠教学时间的投
入是无法实现的，需要提高教师的学科素质、提升教师的课程素养。

（四）课程的环境因素

学生所习得的课程不仅受到课程体系内部的影响，还受到学生个体、
家庭以及社会环境的影响，所构建的模型（见图 6-7）也进一步验证了这个
结论。在模型加入的大量协变量中，学校所在地区、母亲学历、学生期
望自己获得的学历及其内部学习动机对课程习得产生了重要影响。事实
上，我们所看到的课程都是"理想课程"和环境交互作用的结果。该模型

验证了课程体系并不是在真空理想化的环境中发挥作用的,它处在学生个体、家庭、学校和社会各个层面的环境中,与环境之间有着复杂的交互作用。学生最终习得的课程是整个课程体系与环境交互作用的结果。

四、小结

(一)课程模型的构建方法

本节采用结构方程模型构建了我国小学数学课程运作机制模型,挖掘了大量有意义的结果。考虑到课程体系的数据特点,教材、教师和学生的数据具有明显的嵌套结构,因此多层结构方程模型(MSEM)是更为合适的方法。但是随着模型复杂度的增加,模型的稳定性降低,不收敛的风险增大。[1] 在本研究中,有大量课程习得的影响因素需要控制,模型中出现的诸多控制变量已经合成。综合各方面因素,选择结构方程模型作为模型构建的分析方法。后续研究可以使用多水平结构方程模型进行模型的构建,可能获得更多有意义的结果,帮助我们更好地理解课程体系的运作机制。

(二)教材的作用

图6-7表明,不同的教材对学生的课程习得具有重要的影响作用。教材A和B都属于顺序型教材,虽然所属子类不同,但对课程习得的影响并没有明显的差异。研究中没有涉及主题型和分散型两类教材,因此无法得知这三类教材对学生课程习得效果的影响是否存在差异,尚需要进一步研究与分析。

综合第五章第二节的内容可以看出,教材A和B具有明显的特点。两者至少一半的知识点分布的年级超过3个,且教材B有一半以上的知识点在年级间是连续分布的,而教材A仅有1/3的知识点在年级间是连续分布的。虽然教材A在连续性上差于教材B,但仍然能够获得与教材B相似的课程效果,这说明可能存在多种知识点的分布模式,也均能够保证获得高质量的课程效果。

与TIMSS高成就国家和地区的课程内容分布模式最为相似的教材B

---

① 方杰、邱皓政、张敏强:《基于多层结构方程模型的情境效应分析——兼与多层线性模型比较》,载《心理科学进展》,2011(2)。

所获得的课程效果在 4 套教材中表现出色，从而可以看出该内容分布模式是实现高质量课程的一个有力保障。如果能从目标课程层面开始，设计一个严密的、有一定年级跨度且连续分布的课程体系，则可以提升课程质量。而教材 A 能够获得与教材 B 相同的课程质量效果说明，除了 TIMSS 高成就国家和地区的这种课程内容分布模式外，还有其他可能的模式同样能够保证高质量的课程，但具体的模式特点仍需要进一步研究。

(三)教师的角色

结合本章第一节的内容，虽然教材对教师的教学时间安排具有重要的影响作用，但是教师个体在教学时间的安排上存在较大的个体差异，且这种差异远大于课程实施自由度更大的美国教师，这说明我国教师并不是严格按照教材来实施课程的。我国教师在课程实施过程中根据自己对课程的理解和诠释以及对学生已有知识基础的掌握情况来安排教学。学生接触到的课程是教师与教材甚至与课程标准交互作用的结果。这一结果充分说明教师是一个能动的个体，而并不只是课程的执行者。在课程实施过程中，教师本身的课程准备、关于课程知识的诠释等各方面都对学生的课程习得产生重要作用。在课程实施方面，我国小学数学教师与课程各个层面之间是一个相互适应的过程。

(四)课程模型的跨文化比较

综合本章第一、第二节的研究结果，可以较为全面地获得我国小学数学课程运作机制模型，具体见图 6-8。该模型除了宏观课程对课程效果的影响路径有待验证外，其余路径均验证了第四章所提出的课程评价的理论假设。整个课程体系从顶端的宏观课程到底端的微观课程，都依次对其下一层面直接产生作用。宏观课程对微观课程具有跨层面的影响，中观课程和微观课程都对课程效果有直接影响。由于我国使用的是全国统一的课程标准，其在量化模型中缺乏变异，无法参与建模，因此宏观课程对课程效果的影响需要其他研究加以验证。

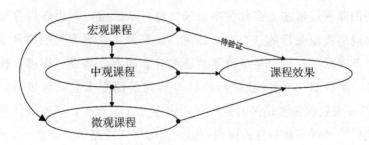

图 6-8 我国课程运作机制模型

将我国小学数学课程模型与 TIMSS 的分析结果相比较发现，我国的课程模型与 TIMSS 第一类课程模型最为接近，进一步证实了文化对课程的重要作用。

在第一类模型中，各个课程层面分别对其下一个课程层面直接产生影响，且目标课程还直接对实施课程和课程的习得产生作用。本研究所获得的课程模型，除了目标课程对课程习得的影响无法进行验证以及潜在实施课程对课程习得有直接影响外，其他课程的路径情况与 TIMSS 第一类课程模型的情况均一致。施密特等研究者认为，之所以 TIMSS 参与国和地区的课程模型能够划分为这四种类型，主要是由于文化的作用，具有相近文化或拥有相似或相同语言的国家或地区的课程模型更为相近，能够划为同一类。[①] 除此之外，需要指出的是，TIMSS 的这四类课程模型均是基于八年级的数学课程获得的，而本研究的课程模型则是基于小学三～五年级获得的，在不同年级或学段上能够获得相同或相似的模型，进一步说明了文化在课程中所起的重要作用。

从具体的量化指标角度来看，我国的课程模型又有自己的特点，因为各个量化指标之间的关系并不与 TIMSS 第一类课程模型完全一致。本研究认为原因有两个。

第一，本研究是针对我国课程体系测量与评价而进行的，在此基础上兼顾国际比较的可能性，因此课程各个层面的量化指标的选择并不完

---

① William H. Schmidt，Curtis C. McKnight & Richard T. Houang，*Why Schools Matter：A Cross-National Comparison of Curriculum and Learning*，San Francisco，Jossey-Bass，2001，pp. 273-293.

全一致，且即使选择了相同的量化指标，其具体测查方式、指标的合成也不尽相同，因而在微观层面上各个量化指标之间的关系与 TIMSS 的课程模型有差异。如何建立一个有中国特色的课程分析框架，同时又能够兼顾国际比较，通过一定的转化而直接与国外的课程测量和评价方面的研究结果进行跨文化比较，是又一个值得深入研究的方向。

第二，即使拥有相同或者相近的文化传统，不同的国家和地区在各自课程体系的设置过程中，因课程设置的意图、课程政策、教材编制、课程实施等多方面的差异，仍然存在鲜明的特点，不可能在具体的量化指标上出现完全相同的关系。

第三节 反思与展望

一、反思

第五、第六章根据所建立的我国课程评价模型以及修订后的分析框架，首先分别对宏观、中观和微观三个课程层面进行测量与评价，然后从课程传递的角度出发，对三个层面的传递过程进行了比较分析，并从系统的视角出发，将课程的三个层面与课程效果进行关联，建立起了我国小学数学课程运作机制模型，实现了对我国小学数学课程的系统测量与评价。

（一）学科分析框架的建立

分析框架的科学建立是有效进行课程测量与评价研究的重要保证，但具体的构建工作和研究目的紧密相连。例如，TIMSS 旨在国际层面进行课程评价的比较研究，但世界各国和地区的课程体制各异，课程体系各有特点，因此，只有建立一个具有通用性的分析框架才能实现国际比较的目的。其花费多年时间建立起来的分析框架经受了各国大量研究者的论证，经历了多轮 TIMSS 测试考验，具有较强的通用性。若研究目的旨在实现对我国某学科的课程测量与评价，则完全依据我国的课程体系特点构建测量分析框架是最为合适的，因为这样的框架最本土化、最适合本国课程特点。

本书的实证研究主要有两个目的：一是以小学数学为例，实现对我国课程的测量与评价；二是进行国际比较研究。因此，在小学数学课程框架的确立过程中，若仅关注我国的课程体系特点，则无法与国际研究具有相同的分析框架，无法实现国际比较的目的。若直接使用国际研究的框架，虽然具有通用性，但并不能理想地贴合我国的课程实际，特别是在细节的匹配上。例如，计算器的使用，在我国课程体系中是作为知识内容维度而要求的，而在 TIMSS 框架中则划入能力要求维度。在综合考虑研究目的，对 TIMSS 的分析框架进入深入剖析的基础上，本书以 TIMSS 对课程标准和教材的结构分析框架为基础，邀请了课程专家、教研员和一线教师对框架进行修正，实现本土化，使这个框架更好地贴合我国小学数学课程体系，为后续文本编码工作奠定基础。而由于选择的是数学学科，其知识体系具有严密的逻辑性，内容体系具有跨文化的一致性，因此，根据我国小学数学课程建立的内容分析框架能够与 TIMSS 的数学内容维度进行较为方便的对接，从而保证了国际比较的实现。

通过对小学数学课程的系统测量与评价，有几方面的问题可供其他学科在编制其分析框架时参考：首先，课程是一个多层级结构的系统，各个层面上课程内容的详略程度不同，因此，应当编制一个多层级结构的分析框架。它应具有较好的弹性，能够适用于不同课程层面的分析。其次，任何层面的指标体系都需对各个课程知识点进行严格的操作化定义，避免编码工作中由于编码者的理解不同而造成误差，以保证编码的科学性，可能的话，对每一个操作化定义给出具体的实例供参考。最后，在建立分析框架时不要局限于当前阶段，而应当着眼于学科知识体系的整体发展，便于同一学科不同阶段框架之间的衔接。

无论基于何种研究或者评价目的，建立一个具有弹性的分析框架是上策。这种弹性体现了结构的多层次、多阶段衔接和多种研究目的的兼顾。根据我国课程体系特点建立起来的课程分析框架，若能与国际研究的分析框架在一定程度上保持一致，则可以通过一定转化实现国际比较。这样的分析框架无论在理论上还是在实践中都更有说服力。

(二)课程测量与评价方法的选用

本书采用量化与质性相结合的分析手段，以小学数学为例，实现课程体系的系统测量与评价，所使用的测量与评价方法对其他学科具有一定的启示。

通过对宏观课程文本的分析可以发现，关于课程标准的文本分析，特别是结构划分，是根据单元或者区块的功能进行的。而这些功能的划分是依据其本身的定位与作用进行的。因此，在对文本分析过程有严格的质量控制的前提下，宏观课程的文本分析可以推广到其他学科，有效实现对宏观课程的测查。但是具体单元或者区块类型的划分，还需要根据具体学科的课程标准特点进行一定的修订。

与目标课程相比，对中观课程即教材的文本分析不能直接推广。因为不同学科知识体系的构成、知识内容的呈现与相应的教学方式方法各有特点。库恩（Thomas S. Kuhn）总结了学科知识体系与教材的三种不同关系：艺术、文学、音乐等学科，学生直接接触的是艺术家的作品，教材在这一过程中只是发挥着介绍背景知识的作用；而历史、哲学学科，教师主要通过教材对学生进行教学，那些原著只是作为补充阅读材料；至于自然学科，则完全按照教材进行教学足矣，因为通过教材就能够把整个知识体系的演变与发展完全呈现出来，而不必浪费学生过多的时间通过原著来实现这个目标。[①] 即自然学科的知识是可以通过教材的精心设计而系统地传授给学生的。它能够与课程体系紧密结合，是最容易实现测量与评价的。从已有的研究结果来看，数学与科学均为自然科学学科，其课程测量技术的发展已经相对成熟与完善。但艺术、文学、音乐等学科需要通过接触学科作品才能将知识传递给学生。这类学科的教授需要进行精心设计，因为其与课程结合的紧密程度远小于自然学科，对这类学科的测量与评价难度也远大于自然学科。而历史、哲学等学科与课程的紧密程度介于两者之间。

因此，数学教材的文本分析在进行一定改进的前提下可用于其他自然学科的教材分析。对于语文、英语、历史等社会学科，每门学科有鲜明的特色，文本分析法可以使用，但是具体的分析框架需要根据相应学科本身的特点进行重新整理与分析。因此，对于社会科学学科的教材分析，难度要比自然科学学科高。而就音乐、美术等艺术类学科而言，教

[①]　Thomas S. Kuhn, *The Structure of Scientific Revolutions*, Chicago, University of Chicago Press, 1996, p. 165.

材只是起到了一个辅助作用，如何对教材进行测量是一个更为复杂的问题。如音乐课程，音乐作品是无法在教材中体现的，作品本身才是教学的重点，因此，这些学科对教材进行分析的重要性有所下降。

对于微观课程的测查，事实上问卷调查和课堂观察是最为成熟和有效的方法。问卷调查适用于大样本的研究，能够方便、高效地收集大量信息。但由于是从课程角度出发，涉及的知识点问答量较大，可能引起作答者疲劳从而降低作答效果，同时还有可能存在较为明显的社会赞许性。而课堂观察则能够避免问卷调查的这两个主要弱点，但只适用于个案研究，无法采取大规模测查。对于实施的课程的测量，两种方法的结合使用是最为理想的，且在各个学科上都能实现。

对于课程效果的测查，学业成就测试已经比较成熟，在各个学科的测查中是最为常见的方法。学业成就测试只能测查课程内容和能力，而我国的课程是一个涉及知识、能力和情感态度价值观的三维体系，因此应当更加重视情感态度价值观以及学生学业的多角度测查，以实现对课程效果的更全面评价。

（三）多角度的测量与评价

课程的各个层面并不是单独运作的，而是逐层传递到学生那里的，传递过程中存在大量的层面之间的交互作用。孤立地对课程某个层面进行分析而不考虑课程体系的相互作用，人为将层面间的关联切断进行的研究所获得的结果是不准确的，缺乏生态效应，其结果无法运用于实践，甚至会产生误导作用。

有关教师的课程实施，第五、第六章都对教师的教学时间和课程准备进行了不同角度的分析。第五章第三节立足课程实施层面本身，从知识点的角度出发，考察教师准备程度与教学时间的关系。即在同一个知识点上，报告对该知识点有较好准备的教师越多，那么在这个知识点上投入的教学时间就越长。这说明教师在课程实施中有一种倾向：他们更乐于在自己有充分准备的知识点上投入更多的教学时间。因为只有自己有准备的知识点，教师才能充分深入地阐释与教学，也更乐意投入更多的教学时间。第六章第一节则从动态的视角对教师的课程实施进行分析，探究在同样的课程标准下，使用不同版本教材的教师在课程实施上的差异。相比较而言，课程标准对于教师的教学内容选择影响更大，而教材对教师教学时间安排的影响较大。第六章第二节从系统的视角出发，将所有课程层面纳入模型之中，并与课程效果相关联，看课程体系最终对课程效果的影响。研究发现教师的课程准备、教材都对课程效果有直接影响，教师所投入的教学时间对课程效果没有产生直接影响。可以看到，研究从不同视角对教师的课程实施状况进行了全面分析与解读，帮助我们对小学数学课程中教师实施课程的过程有更全面客观的了解。这是任何一个单独视角的研究所无法提供的。

二、展望

本研究以小学数学为例，实现了对我国课程的测量与评价，从系统的视角构建起了课程运作机制模型，对我国课程的测量与评价进行了尝试。研究本身尚有大量改进与完善的空间，课程测量与评价具体在各个学科领域的落实以及现代信息技术的引入等都是后续不断深入研究的方向。笔者期望通过本书抛砖引玉，促使我国课程测量与评价研究更为全面、深入和现代化，为我国课程质量评估、后续课程改革与提升以及课程相关的政策决策提供更多的实证依据。

（一）方法的发展与丰富化

一方面，随着课程研究、教育测量与评价等多学科研究的不断深入，课程评价领域内可用的方法必然会更加多元化。本研究所使用的课程测量方法严格按照研究目的挑选，由于是首次尝试，并没有对所有的方法都进行尝试。但事实上，文本课程层面的主题轨迹图、实施课程层面的课堂观察都是测量中的有效方法，具有其他方法所不具备的优势，能够实现特定的课程测量目标。因此，在今后的研究中，应当进一步丰富课程测量的方法，以实现对课程系统全面的测查。另一方面，对于课程测量所获得的各种量化指标，所使用的统计方法也需要进一步发展。就本章第三节课程模型的构建来说，由于数据、样本、变量等多种因素的限制，只能使用结构方程模型进行分析，而最切合数据结构的模型构建方法是多层结构方程模型。今后在条件允许的情况下，可以尝试用更合适的统计建模方法来构建课程的运作机制模型。

（二）课程各层面研究的细化与深入

本书虽然完成了对我国小学数学课程体系的完整测量，但在开展每一个研究的同时，发现仍有大量问题有待深入探究。在课程的每一个层面，采用更加丰富与有效的测量方法进行逐层细致的分析将是今后的一个重要任务。以中观课程为例，第五章第二节通过课程改革前后教材的比较、不同国家教材的跨文化比较等，对我国 2 套小学数学教材进行了较为系统的分析，发现了两者各方面的异同。这些教材的不同方面会对教师的课程实施、学生的课程习得具体产生什么样的影响？虽然本研究通过对课程模型的构建已经发现中观课程对教师的课程实施与学生的课程习得都有重要影响，但在模型构建中用的是教材中最为宏观的量化指标，即便能说明不同版本的教材会对其以下两个课程层面产生重要影响，但教材的各个方面会对其产生怎样的具体影响则仍需进一步深入细致的研究。考虑到目前在全国范围内各地使用的教材不同，教材之间在各方面的差异势必会大于本研究所涉及的样本，因此有必要对各种不同版本的教材进行系统比较分析，有效地识别与挑选出高质量的教材，为教师、学校、各级教育部门提供教材选择与判断的依据。利用有效的教材测量与评价方法，对教材质量进行综合判断，为教材审批提供科学建议与判断依据，严格把好教材质量观，形成科学合理的教材淘汰机制。

（三）研究维度的拓展

在我国，课程是一个集内容、能力、情感态度价值观三维于一体的系统，TIMSS 的数学学科框架中课程也是集内容、认知能力与态度观点三维于一体的系统。TIMSS 主要集中在内容维度的研究，其余两个维度虽然建立了相应的分析框架，但是相应的研究进展相对缓慢。同样，本研究在对课程体系进行全面解构的基础上，目前也仅对内容这个最为基础的维度进行了较为深入细致的分析。要实现对课程体系的全面客观测量与评价，则需要将课程体系的内容分析拓展到课程标准所要求的三个维度上，这将是今后课程测量与评价需要继续努力与完善的重要方向。当前，全球正在开展基于核心素养的新一轮课程改革，今后如何开展对学生核心素养的测评将是课程测量与评价的一个重要方向。

（四）课程环境因素的综合考虑

课程体系的每个层面都是一个复杂的微系统，都有各自所处的特定环境，本研究在建模过程中仅纳入了部分环境因素。事实上，宏观、中观和微观课程都有各自重要的环境因素，今后可以逐步将课程各个层面的重要影响因素都予以考虑，同时还要考虑各个层面课程影响因素之间的相互作用，实现对课程系统更全面和准确的测量与评价。

（五）现代技术的引入

课程测量与评价在方法学上有一个重要的工作，即课程体系中有大量文本材料，需要通过文本分析进行相应的编码后才能做后续各类分析。在编码等人工工作中，由于每个人都具有较强的主观能动性，对分析标准的掌握不同，因此分析结果一致性是影响研究准确性的重要因素。要保证分析结果的准确性，就需要投入大量成本，用于分析人员的培训以及分析过程中的质量监控。当前，现代化的信息技术迅猛发展，人工智能技术在各个领域都可以有所作为。同样，在课程测量与评价领域，特别是文本分析与识别部分应当引入现代化技术，以便更加客观、准确地实现对文本资料的分析，为后续深入的课程测量与评价打下基础。

后 记

课程是一个复杂的体系，涉及的层面和类别多，对象多元，各个成分之间存在大量的互动，且课程体系处于复杂的环境之中，受到学生个体、家庭、教师、学校乃至社会等各个层面环境因素的影响。本书尝试将课程置于真实的环境之中，探索课程各层面的作用机制以及层面之间的相互作用，实现对课程运作机制模型的系统分析。全书从教育测量与评价的视角出发，契合书名，按照理论、方法和实践三个部分依次论述：首先，对课程评价的相关理论与方法进行了回顾、梳理和分析；其次，采用多角度融合的方式，尝试构建了我国课程评价模型；最后，遵循可操作、可测量的原则，以小学数学学科为例，对所构建模型如何落地到实践的过程进行了介绍。

本书对笔者近十年来在课程评价中逐渐积累的工作进行了系统梳理与反思。当前，我国正在开展基于核心素养的课程改革，《普通高中课程方案和语文等学科课程标准(2017 年版)》已颁布，义务教育阶段新课程标准也即将颁布。在这个特殊的时间节点，希望通过本书抛砖引玉，引发更多对课程评价的思考、讨论与研究。

感谢美国密歇根州立大学 William H. Schmidt、Richard T. Houang 和 Leland Cogan 的支持，他们在 TIMSS 项目中对课程评价的系统深入研究为笔者构建我国课程评价模型提供了有益的启示，为本书的国际比较提供了实证数据。感谢阙维老师在课程理论方面的热心指导与帮助。感谢刘丽丽对书稿的高效审读和提出的宝贵意见与建议。感谢学生杜长宏对书稿格式和文字的系统整理与校对，学生杨朝兮对书稿的细心校对与审读，学生王发明对书稿的批判性阅读。感谢北京师范大学出版社编辑鲍红玉、周鹏对本书的辛勤付出。

拙著虽已尽心完稿，但错误和不妥之处难免，恳请各位批评指正！

2019 年 11 月

图书在版编目(CIP)数据

课程评价的理论、方法与实践 / 王烨晖, 辛涛, 边玉芳著. ——
北京：北京师范大学出版社, 2020.5(2023.12 重印)
ISBN 978-7-303-25778-2

Ⅰ. ①课… Ⅱ. ①王… ②辛… ③边… Ⅲ. ①课程评估－
研究 Ⅳ.①G423.04

中国版本图书馆 CIP 数据核字(2020)第 057388 号

图 书 意 见 反 馈 gaozhifk@bnupg.com 010-58805079
营 销 中 心 电 话 010-58802755 010-58800035
北师大出版社教师教育分社微信公众号 京师教师教育

KECHENG PINGJIA DE LILUN FANGFA YU SHIJIAN
出版发行：北京师范大学出版社 www.bnup.com
北京市西城区新街口外大街 12-3 号
邮政编码：100088
印 刷：北京虎彩文化传播有限公司
经 销：全国新华书店
开 本：730 mm×980 mm 1/16
印 张：12.75
字 数：219 千字
版 次：2020 年 5 月第 1 版
印 次：2023 年 12 月第 3 次印刷
定 价：56.00 元

策划编辑：郭兴举 鲍红玉 责任编辑：周 鹏
美术编辑：陈 涛 焦 丽 装帧设计：陈 涛 焦 丽
责任校对：段立超 陶 涛 责任印制：马 洁